Prepper Survivalista

La Guia para sobrevivir cualquier catástrofe o desastre natural

TONY BALDO

ISBN: 9781696411479

DEDICATORIA

Con el pasar de los años me he especializado en este tema de la supervivencia y siempre el tema me ha recordado con mucho cariño a mi época en el liceo militar por lo que debo dedicar mi tercera obra a todos los ex-alumnos de los liceos militares del mundo y muy en especial a los del Liceo Militar Gran Mariscal de Ayacucho (LIMILAYA), a mi promoción XXXI. Mi hijo quien es la razón de mi existir José Antonio Baldó Noguera y a quien pretendo dejarle todo que he aprendido y construido con el tiempo. A mis padres José Antonio Baldó Rendón y Olimpia Maria Ortiz de Baldó que siempre han sido mi norte y de quienes estoy orgulloso, mis dos hermanos Carlos Miguel y Ricardo Javier, mis bellos sobrinos los Ricardos, Miguel y la princesa Maryarena. Y no puedo dejar de dedicar esta tercera obra a mis seguidores, que han comprado mis anteriores publicaciones y me han animado a seguir escribiendo, sin cada uno de ellos hoy esto no podría ser posible.

CONTENIDO

ADVERTENCIA

Éste manual no pretende ser una novela, no relata la historia de nadie, ni se basa en hechos acaecidos anteriormente. Simplemente es un compendio de ideas y sugerencias para los que piensan ser o son survivalistas. Aunque hoy en día es común la versión digital, recomendamos siempre la versión impresa, que se ha configurado en un formato fácil de llevar a cualquier lado y que por su contenido puede ser consultada cuando la necesite. Se ha incluido una serie de anexos muy interesantes, muchos de los cuales tiene áreas para marcar cuando el objetivo de este punto se ha cumplido o no. Los puntos de vista en supervivencia son muy variados, es por ello que debemos tener en cuenta que puede que usted no comparta algunos de los puntos aquí expuestos, y nos gustaría que en nuestro blog lo discutiremos ampliamente. La principal idea del manuale s servir de soporte, solo eso.

I.- ¿Ser un Prepper o no serlo? Esa es la pregunta...

Hace algunos años empecé a sentir que había algo que no estaba bien, aunque los ingresos superan a los egresos, la familia estaba unida, y el trabajo estable, algo estaba fuera de lugar. Y fue en ese momento donde decidí convertirme en Prepper. Ahora bien, para los que les llama la atención el tema, esto parece algo natural, y asi lo pense yo, pero no es así, el momento cuando alguien decide convertirse en prepper es forzado por una situación que despierta alguno de los miedos que tenemos cada uno de nosotros adentro y que pensábamos que no era tan importante.

Después de hablar con algunos Prepper, en el 100% de los casos, todos me dijeron que se convirtieron en preppers sin saberlo cuando algún evento les llamo la atencion. Algunos la caída de las torres gemelas, otros la guerra civil en centroamérica, el huracán Katrina, el terremoto de Chile, los conflictos armados del medio oriente como la guerra de Irak o Afganistán, otros la situación económica mundial y en especial la europea, y en algunos casos, algo tan simple, aunque no deja de ser alarmante, como un atraco, robo o accidente.

Es en ese momento cuando tu vida está en peligro o cuando sientes que pudiera estar en peligro que te hace hacerte las siguientes preguntas:

1. ¿Que hice para estar en esta situación?
2. ¿Que hice para prevenirla?
3. ¿Había posibilidad de prevenirla?
4. ¿Si hubiese estado preparado, me hubiese ido mejor?
5. ¿Podré salir de esta situación?

Cada una de estas preguntas es el detonador que podría accionar su nueva actitud de vida. Aunque quizás lo más importante es que todos muy dentro llevamos un Prepper, y es aquí donde cada vez que defiendo la teoría de los preppers termino teniendo la atención de todos los que no lo son. Cuando una persona usa un preservativo, es un prepper. Cuando compramos un seguro de casa, vehículo o de vida somos preppers. Cada vez que compramos una entrada para un evento por anticipado somos preppers, y cada vez que adquirimos un boleto de avión con tiempo, somos preppers. En pocas palabras, cada vez que usted se prepara para algo es un prepper. Entonces ¿porque no definimos lo que es un prepper?

Toda persona que se prepare para cualquier evento, es un prepper o survivalista en potencia, aunque la definición de un prepper o survivalista es más cercana a: *La persona que cree que un evento catastrófico podría ocurrir y en consecuencia se prepara constantemente para prevenir que lo ocurrido le afecte a él, los suyos y a su comunidad.*

Como podemos ver en la definición de prepper he incluido no solamente al prepper, sino que además incluimos a los suyos y a su comunidad. La razón es muy simple, uno de los principales detonadores que acciona la mentalidad de un prepper son justamente sus seres queridos y su comunidad, en muchas oportunidades estos son más importantes que el prepper mismo, y es allí donde vemos muchas veces los típicos actos de heroísmo. El prepper que tiene personas por las cuales ser responsable es mucho más cuidadoso con las medidas que tomará, y en la mayoría de los casos toma más en serio su compromiso como prepper. Ser prepper es más que una actitud, es una forma de vivir, para algunos es una pena, algunos se sienten realmente avergonzados de pensar así, y están equivocados, las tragedias ocurren, y ocurren más de lo que la gente lo piensa, no por ello dejarán de vivir su vida normalmente, simplemente que cuando lo necesiten, ustedes estarán preparados, no serán una carga para el sistema, el gobierno no tendra que rescatarles ni audarles, en pocas palabras, ustedes serán capaces de responder sus problemas por sí mismo, ¿No les parece que eso fue lo que siempre les enseñaron sus padres? ¿del cómo debían de actuar ante la vida y ante los problemas? ¿Acaso con el tiempo la gente deja de pensar de esa forma y se acostumbra a que otros resuelvan sus problemas?

Algunas personas piensan que los preppers están locos, desquiciados, que tienen manías persecutorias, obsesivos, que están alejados de la realidad o extremistas, si le preguntamos eso a algunos de los habitantes de los países que se encuentran en guerras civiles, el 98% dirá que lamentan no haber estado preparados, o quizás debamos preguntarle a las víctimas del huracán Katrina, o a los del Terremoto de los Angeles de 1994. La realidad es que la gente trata de evitar este tema, porque es más fácil vivir en una realidad de confort donde la posibilidad de que algo ocurra es casi nula o parece nula.

Muchas veces he comentado que si todos fueran preppers, en el momento de una catástrofe, prácticamente solo tendríamos que esperar a que las cosas se calmaran, y trabajar en el último punto de este libro, sustentabilidad y reconstrucción. Y es aquí donde el problema de los prepper se aquesentra, el hecho de que todas las personas no sean preppers es un riesgo enorme para los que lo son, ya que muchos de ellos en el momento de la catástrofe se convertirán en merodeadores, saqueadores, violadores, ladrones y asesinos, todos simplemente por un instinto básico de sobrevivencia. Podríamos justificarlos desde ese punto de vista, pero la realidad es otra, los hombres y mujeres de bien no actúan de esa manera debido a que existe un sistema que les controla y que les impide o coacciona para que no actúen fuera de las normas de buena conducta. Es por ello que lo ideal sería que todas las personas estuvieran comprometidas con la preparación básica ante cualquier catástrofe, y si a usted le llamó la atención sobre el tema y está leyendo éste libro para conocer un poco más sobre el tema, está en el sitio correcto y ya ha dado el primer paso, usted definitivamente es un prepper.

Una de las cosas más importantes para un prepper es ser ordenado y meticuloso, sin dejar atrás lo que tenga ver con la responsabilidad. Es por ello que muchos prepper tienen como plan esperar hasta que las cosas vuelvan a la normalidad o hasta que ya realmente no exista posibilidad de volver a la normalidad para salir y tomar acciones al respecto. En ese sentido la mayoría prevé un sitio o escondite donde puedan esperar a ver la situación con otro lente. Para muchos la idea de ir a la ofensiva no tiene sentido, porque la mayoría de los prepper son hombres y mujeres de bien, gente que sigue las leyes, que cree en su gobierno, que cree en la sociedad y en la comunidad, pero que saben que algo podría salirse de contexto. Es por ello que muchos se preparan para alejarse de los malhechores, hasta que llegue el momento de reconstruir la sociedad, momento donde todos tienen un plan bien estructurado.

II.- BENEFICIOS DE SER UN PREPPER

Cuando una persona sufre una accidente, el momento propio del evento es indescriptible, la forma como actúa puede variar dependiendo de la experiencia que tenga sobre accidentes similares y la forma cómo responder ante ellos, pero algo sí está muy claro, el resultado final dependerá de tres cosas:

1. El entrenamiento que tenga para manejar el evento en particular
2. Las decisiones que tomé durante el evento. Que normalmente están basadas en experiencias y en su previo entrenamiento.
3. La tranquilidad que le dará el saber que usted tenía un seguro o una forma de salir lo mejor posible del evento en cuestión (Póliza de seguro, ahorro, suministros, etc)

Todos sabemos lo difícil que es estar envuelto en un evento catastrófico alguna manera, una simple caída de una bicicleta puede ser el mejor ejemplo para entender la complejidad de lo que estamos hablando. Si una persona no sabe manejar bicicleta, lo más seguro es que tenga un accidente, en la medida que practica más y más, la probabilidad de tener accidentes es menor (Entrenamiento); Si la persona se ha entrenado lo suficiente y ha tenido algunos accidentes durante su entrenamiento es posible que sepa manejar la situación ante un nuevo accidente y lo mejor de todo es que podrá aminorar los daños causados por el accidente (Decisiones); ahora viene quizás la parte más importante de un prepper, si esta persona manejaba la bicicleta con un casco, con rodilleras, guantes, tobilleras, coderas y toda la protección necesaria, lo más seguro es que el individuo está en mejor semblante de que no era un prepper. Allí está la diferencia, y por esto es que pienso que todos en algún momento de la vida hemos sido un prepper, pero hemos dejado que el mercadeo y la sociedad nos manipula diciendo que todo estará bien, que si caemos de la bicicleta, alguien nos rescatara, y nos curará las heridas, que no tenemos que preocuparnos por aprender a manejar bicicleta, porque cuando la necesitemos todos sabemos como usarlas y que en ninguna circunstancia tendremos que tomar decisiones extremas, ya que alguien las tomara por nosotros…

Beneficios para el Prepper y su familia

- La **tranquilidad** de que si algo sucede tendrá la posibilidad de resolver sus problemas y los de los suyos.
- La posibilidad de **poder esperar** que las cosas se resuelvan afuera, mientras usted no sacrifica ninguna de sus primeras necesidades.
- La posibilidad de **defenderse** a usted y a los suyos.
- La posibilidad de **salir adelante más rápido** que el resto de las personas.
- Segun las estadisticas, las personas que sobreviven las primeras 24 horas de una tragedia o un evento tienen **50% de probabilidad de sobrevivir**. Aunque suena complicada la estadística, lo que quiere decir es que las primeras 24 horas son críticas, y que cada 24 horas que se pasan al sobrevivir una crisis o evento aumenta la probabilidad exponencialmente. La idea es que mida y ponga las metas de sobrevivencia en términos de 24 horas, cada dia que pase

será mayor la probabilidad de salir adelante.

- Normalmente un prepper tiene **cubiertos las tres cuestiones básicas** de las superviviencia: Cubierta para dormir y resguardarse, comida y agua, eso le otorga una ventaja incalculable.

- Tendrá la posibilidad de estar con sus conocidos, seres queridos y allegados, cosa que los que no están preparados no podrán hacer, y aunque lo explicaremos después, es muy común escuchar que en momentos de caos, las familias se separan simplemente porque nadie sabe a ciencia cierta a dónde ir. El prepper siempre tiene de dos a tres **sitios a donde ir.**

- Si bien es cierto, en una situación extrema todos reaccionamos diferentes, está demostrado que los policías, soldados y personal de rescate, ante situaciones de emergencias reaccionan más calmados y con menos errores debido a que están preparados y entrenados, en pocas palabras, un prepper **reaccionara mejor** que uno que no lo sea, ya que se ha entrenado o preparado para el evento y aunque la adrenalina corra por sus venas de igual manera, será capaz de manejarse de forma más serena y segura que uno no preparado.

Beneficios para el Prepper y la comunidad

Los beneficios que los prepper le proporcionan a sus seres queridos y así mismo son innumerables y quizás dejamos algunos sin destacar, pero los más importantes son los que les proporciona a la comunidad. El prepper no es un lobo solitario como algunos los pintan, por el contrario, cada vez que el prepper está mejor informado, más puede aportar a la reconstrucción de la comunidad donde habita.

- Un prepper **no será una carga para el gobierno** en el momento de una emergencia. En datos recientes se demostró que durante el huracán Katrina, las personas que estaban preparadas esperaron la llegada de la ayuda del gobierno sin ofrecer ningún tipo de contratiempo, los que no estaban preparados saquearon, robaron, violaron y asesinaron por apenas una botella de agua potable.

- Cada persona tiene un área de negocio en la cual se ha especializado, no obstante, los preppers se caracterizan por ampliar su **conocimiento** rápidamente en múltiples áreas, principalmente las que tienen que ver con sustentabilidad, en ese sentido, un prepper puede aportar muchísimo.

- En tiempo convulsionados y desesperados los prepper pueden ayudar a poner **orden en la comunidad**.

- Aunque la idea principal del prepper es cuidar de los suyos, algunos ya han logrado acumular lo suficiente para hacerlo y se dedican entonces a ayudar, asesorar, y **cuidar de los miembros de la comunidad**. Recuerde que un grupo grande será más seguro que una pareja con niños, así que para cuidar a los suyos no hay nada mejor que proteger a la comunidad.

- Hay un dicho que utilizan mucho los preppers y les define claramente en la sociedad, no seas parte del problema, se **parte de la solución**.

III.- A QUE NOS PODEMOS ENFRENTAR

Una de las cosas que más clara tienen los prepper es que no tienen claro cuál es el evento apocalíptico por el cual estan preparandose, esto no quiere decir que cada uno tenga la convicción o la certeza de que algo va a pasar, solo que no hay un consenso de cual será. Es por ello que los hemos tenido que dividir en cada uno de los eventos que pueden suceder. A continuación los enumeramos:

1. **La explosión de un gran volcán**: las erupciones volcánicas han acompañado a la humanidad por muchos años y han sido las responsables de muchas calamidades, pero hay algunos que creen que una gran erupción volcánica podría poner al planeta y a la humanidad en jaque. No solo por los daños inmediatos de la explosión sino porque la nube de cenizas que podría esparcirse por

todo el planeta acabaría con la flora y la fauna, y esto ocasionar una mortandad sin precedentes. En este caso la clave principal para sobrevivir será: estar alejado del centro de la explosión, tener suficientes comidas y agua para aguantar al menos 12 meses. La descomposición de la sociedad será lenta, la hambruna será la mayor noticia del dia, las muertes iniciales no serán comparadas con las que se vendrán a posterior, guerras por lo poco que quede de comida y agua, dado que es un evento altamente notorio que inicialmente ser local le dará tiempo de alejarse de los centros poblados o llegar a su lugar de resguardo hasta que todo esté medianamente calmado, se estima que en el caso de Yellowstone el que es considerado el volcán más grande aún activo en la tierra, el daño podría tapar el sol por unos 12 a 24 meses, periodo donde todo lo vivo prácticamente perecería. La última erupción de Yellowstone fue hace más de 70.000 años, y esto es lo que llama la atención ya que se estima que podría haber otra en los próximos 1000 años. Como dato curioso, es bien sabido que la ceniza volcánica tapa las vías respiratorias y causa la muerte por asfixia, por lo que se recomienda no respirar las, la máscara y sus filtros podrían ser su compañero por muchos meses ¿Tiene usted las **máscaras y los filtros** para tanto tiempo para su persona y sus seres queridos?

2. **Una cadena de grandes terremotos.** A diferencia de una explosión volcánica de gran magnitud una cadena de grandes terremotos es poco probable, pero no imposible, algunos la adjudicaron a una rotación de los ejes de la tierra, cosa que ha sucedido cada vez que nos enfrentamos con grandes cataclismos como los ocurridos hace 12.000 años. En este caso los lugares afectados por los grandes terremotos podrían ser urnas en potencia, y si usted es prepper y está en ese lugar, lo ideal es que quedará resguardado en el lugar donde ha podido tener todos sus equipos, comida y bebida (su base), pero si eso no ocurre, recuerde que luego hablaremos de equipos que recomendamos tener constantemente con usted, estos le podrían servir de mucho. En el caso de los terremotos por el hecho que son más comunes de lo

que se piensa, los gobiernos han trazado planes que ya se han practicado con frecuencia y solo queda esperar y sobrevivir hasta que llegue la ayuda. La probabilidad de que una serie de terremotos ocurra en simultáneo es casi imposible, pero estos pueden desarticular el funcionamiento de una nación por un tiempo, y es por ello que es mejor estar preparado. El secreto en este caso es tener suministros suficientes para aguantar hasta que le saquen de donde quedó atrapado. Y en el caso de que no está atrapado, aguantar lo suficiente donde se encuentre hasta que las cosas se tranquilicen o llegue el momento de la reconstrucción. En el caso de los terremotos una de las cosas que debe tener en cuenta es que las heridas y los sangramientos productos de estas son enormes, ¿Tiene usted un **equipo de emergencia** médica lo suficientemente equipado para sobrellevar este tipo de emergencias?

3. **Huracanes:** A no ser por una cadena de huracanes como los que hemos visto en algunas películas, los huracanes son muy locales. No obstante los daños que ocasionan a una zona en particular son de grandes magnitudes y pueden acabar fácilmente con la economía y el orden de un país, estado o ciudad. En este caso los prepper deberían de tener las de ganar, solo con guardarse o protegerse, y esperar, sería suficiente para aguantar la eventualidad. Como hemos conversado en artículos anteriores, la tragedia de Katrina nos enseña que existen siempre algunos que se aprovechan de los desvalidos para sacarles todo lo que se puede. Queda demostrado que ser prepper no es malo, que por el contrario, es lo ideal para que este tipo de sucesos no menoscabe el orden de la sociedad. En tal sentido, el prepper debe en estos casos, salvaguardarse, poner orden en su zona, protegerla de malhechores, y entregarla a las autoridades cuando estos tomen de nuevo el control. Periodo que puede variar entre 7 a 30 días después del evento dependiendo de la magnitud y de lo alejado del evento. Los elementos claves en este caso son **suministros y seguridad.**

4. **Colapso de la economía global:** Este es uno de los más

comunes pensamientos de todo prepper. Con una economía mundial basada en la deuda, donde casi todos los países basan su economía en el intercambio de papel sin ningún papel real, y donde las deudas de las grandes naciones aumenta cada segundo, no es descabellado pensar que algun dia se desate una segunda tulipomania[1] con la diferencia que esta vez no sea un producto en específico sino la economía de la venta de papeles en general. En el año 2006 se desató en USA la crisis inmobiliaria, que desencadenó una crisis financiera en el 2008 y una crisis bursátil a solo días de que el presidente Barack Obama recibiera la presidencia de los Estados Unidos. Se dice que USA estuvo apenas a 7 días de quedar fuera del mercado bancario mundial y los cajeros automáticos sin poder dar dinero a los Norteamericanos. El nuevo gobierno tomó medidas drásticas que lograron salvar la economía momentáneamente, aunque muchos creen que fue solo un paño de agua fría. Muchos preppers consideran que el gobierno solo hizo que la deuda se acrecentará considerablemente y que fue el principio del fin para esa gran nación. Lo que es peor aún, otras naciones como España se vieron en el espejo y se enfrentaron a crisis similares, que han sido difíciles de afrontar y que aun para el 2015 son parte del dia a dia de los españoles. A nivel mundial, las medidas que tomaron los Norteamericanos en cuanto a la reducción en la producción de vehículos y en especial a los que consumían grandes cantidades de combustible también trajeron una nueva crisis, haciendo que los precios del petróleo bajará a

---

[1] La Tulipomanía fue una fiebre que surgió entre 1936 y 1937 donde los tulipanes llegaron a costar fortunas sin siquiera intercambiarse realmente con el comprador, ya que se compraba y vendía la promesa de cosecha que lograba superar hasta el 500% de su valor inicial. EL 5 de Febrero del 37 se vendieron el último grupo de un centenar de tulipanes por la cantidad de 90.000 florines (Una tonelada de mantequilla costaba apenas 100 florines). Al dia siguiente no se vendió ni siquiera un tulipán, y los precios se desplomaron dejando a la economía holandesa al borde de la quiebra. La tulipomanía es considerada la primera burbuja económica en la historia de la venta de papeles y promesas de negocios.

precios increíbles y les coloca a muchos países en el borde de la quiebra, a pesar de ser países productores del oro negro. Es en estos países donde se ven claramente muchas de las consecuencias de la crisis mundial y algunos han bordeado el término de una guerra civil. El medio oriente está en su momento más crítico y las amenazas son cada vez más latentes. En pocas palabras, si el colapso de la economía fuese una sopa, y cada uno de los puntos anteriormente comentados los ingredientes, tenemos una olla de presión con las verduras y el resto de los ingredientes en el punto que ya podría servirse, solo falta que la olla sirve para darnos cuenta que ya está listo. En un colapso económico las cosas podrían desarrollarse muy rápido, ya que las masas protestaron de inmediato por el temor de no tener dinero con el cual comprar el diario. Las fuerzas armadas que regularmente son usadas para proteger al estado se tendría que usar para el orden público y en pocos días el gobierno podría colapsar y el país entrar en un caos total. Una lata de comida para perros podría costar más de lo que cuesta un vehículo. Por lo tanto en estos casos, lo más importante serán los **suministros y el cómo defenderlos**, recuerde que en un país sin ley y en total anarquía, muchos intentarán de adueñarse de lo que a usted le ha costado tanto.

5.   **Cyber attack o ataque cibernético**: Los ataques cibernéticos son hoy en día considerados mayor amenaza que cualquier otro ataque terrorista, en el año 2012 un virus llamado Wiper o Flame acabó con casi 30.000 computadores en el medio oriente y fue responsable de la paralización casi total de todos los procesos relacionados con la fabricación de armas nucleares de Irán y sus aliados. Posteriormente se conocería que fue un programa desarrollado por la agencia de seguridad de los Estados Unidos junto a Israel llamado Juegos Olímpicos y que 5 años después fue usado con ese fin. Para Eugene Kaspersky[2] es cuestión de tiempo antes de que un ataque masivo como el visto en la película Duro

---

[2] Eugene Kaspersky es el fundador de una de las empresas de software antivirus y malware más conocidas del mundo.

de Matar IV[3] que podria facilmente borrar cualquier equipo electrónico en el planeta o en un grupo de países específicos. Imagine usted una banca sin sistemas, un supermercado sin computadoras o máquinas registradoras, un sistema de transporte sin equipos electrónicos. El país entraría claramente en un colapso total. En el mundo de los prepper éste tipo de ataques solo se puede sobrevivir teniendo un buen lugar donde resguardarse y lo más importante...Estando lo más desconectado posible de la red.

6. **EMP Pulso electromagnético**: Este es uno de los mayores temores de los Preppers, es difícil imaginarse una nación que de un dia a otro regrese 100 años en el tiempo. El pulso electromagnético puede ser causado por la explosión de un misil nuclear en la superficie. Se estima que si un misil nuclear es activado a 300 millas de altura en el centro de los estados unidos podría freír, si literalmente freír todos los circuitos eléctricos existentes en un radio de casi 1500 millas lo que prácticamente dejaría sin sistema eléctrico a todos los estados unidos. Se estima que las fatalidades por éste tipo de ataque serán de un 90% de l población total de los Estados Unidos. Para un enemigo de cualquier nación está sería una forma fácil de eliminar a su enemigo sin siquiera tener que enviar tropas o armas, ni gastar absolutamente nada. Se estima que en éste tipo de escenario una familia preparada vs. una no preparada durará más de 72 horas. La familia no preparada es posible que muera sin nisiquiera saber qué fue lo que sucedió. Lo más importante de éste tipo de escenario es que puede ser causado por el hombre, pero también puede ser causado por el sol, cosa que es alarmante, ya que el sol suelta ondas electromagnéticas constantemente, solo que no llegan o llegan con poca fuerza a la tierra, pero hace 100 años lograron quemar la infraestructura telegráfica existente en una sola noche. Si para ese momento el mundo hubiese estado a nivel de electrónica que se encuentra ahora el daño hubiese sido devastador. Para un enemigo pequeño, es la forma perfecta para neutralizar a un

---

[3] Live Free or Die Hard DIstribuida por 20 century fox Jun -2007

gigante tecnológico, por lo que ha cobrado fuerza dentro de los posibles ataques terroristas con más posibilidad de suceder, aunque no es algo nuevo, se dice que desde la guerra fría, la unión soviética ya había hecho planes y prácticas sobre el daño que puede ocasionar un ataque EMP, luego China y Corea del norte robaron esos planes y lo que es peor, ahora está en manos de radicales como ISIS, al qaeda e Irán. En un escenario muy conocido en las redes se estableció el comportamiento de una familia prepper a una no prepper y lo que harían durante las primeras 72 horas, y se puede ver que los prepper se enteraran de inmediato de lo que está sucediendo debido a que tienen radios de onda corta y otros equipos de comunicaciones que podrán servir en ese caso. Los prepper tomarán las acciones pertinentes para protegerse mientras que los no prepper ni siquiera sabrán que está sucediendo, y terminaran cayendo en la trampa de malhechores que solamente quieren violar a sus mujeres y matar a los hombres mientras roban sus pocos suministros. Uno de las mayores inversiones en éste escenario es lo que se llama la **caja de Faraday** que consiste en una caja metálica que tiene un aislante por dentro y donde se pretende meter todos los equipos electrónicos que queremos proteger, una vez adentro la electricidad pasara solo por fuera y no afectará ninguno de los equipos. Aparte de eso, el **refugio, los suministros y la protección** son el resto de las claves en éste escenario.

7. **Una ocupación extranjera:** Muchos países en éste momento han sido ocupados por alguna otra nación, y se encuentran en éste momento luchando contra la opresión que ejercen las fuerzas opresoras. Si bien es cierto que una invasión o ocupación a una nación de primer mundo es difícil, los países de habla hispana no están excentos de que esto suceda, y es por ello que debemos estar preparados para cualquier situación. Hay un punto a favor siempre para los que defienden su nación o territorio, para la fuerza ocupadora es simplemente un trabajo y esperan con ansias regresar a su hogar, para los ocupados es su casa, su hogar, su familia, por lo que la fuerza para defenderla es hasta la muerte. Esa fue la filosofía que usaron los del vietcong en la guerra de vietnam y les

resultó efectiva. El secreto en éste tipo de conflictos es aguantar, resistir y desgastar las fuerzas de ocupación, recuerde que movilizar esas tropas cuesta mucho dinero. Esas tropas no conocen el terreno ni el clima como usted lo conoce y no desean estar allí, solo lo hacen recibiendo órdenes. En estos casos la guerrilla o guerra de guerrillas es la fórmula a usar contra los ocupadores, ya que la guerra convencional no funcionó. Debemos tener entonces un buen refugio, suficiente suministros y lo más importante, armas suficiente para repeler y contrarrestar la ocupación.

8. **Una gran pandemia**: Es bien conocido que todos los días aparecen nuevos virus, y que la medicina en búsqueda de curas de enfermedades[4] muchas veces crean virus que no puede controlar. Sucedió antes y volverá a suceder, las grandes pandemias han llegado a la humanidad y han barrido de la faz de la tierra a casi dos tercios de la población mundial en pocos años. La peste negra, la fiebre española, la peste bubónica, son algunos de los nombres por los que las conocemos. El problema con éste evento, así como los terremotos o los huracanes o tornados es que no sabemos cuando ocurrirá, y si vemos las alarmas es posible que sea demasiado tarde. Otro factor es que aunque usted guarde antibióticos que es una costumbre normal de los preppers, es posible que el virus sea inmune a esos antibióticos y en consecuencia termine venciendo o a alguien de su familia. Muchos médicos dicen que el aislamiento es una posibilidad ya que se estima que un virus por si solo se elimina después de 3 meses de no poder transmitirse a nuevas víctimas. El problema es que en algunos casos es posible que el animal que porte el virus continúe en el ambiente y que la única manera para sobrellevar está virus sea la inmunización natural. Dado que la inmunización por vacunas será casi imposible si el virus se convierte en pandemia,

---

[4] Recientemente científicos de la universidad de Berkeley crearon un virus llamado 7M8 que puede curar enfermedades relacionadas con la ceguera hereditaria.

normalmente se estima que un 10 a un 30% de la población generará auto inmunización al virus, si usted está en ese grupo, fenomenal, será parte de un nuevo mundo que aún no conocemos.

9. **Un ataque terrorista**: Recientemente el mundo entero ha estado azotado por ataques terroristas, si bien es cierto que los ataques terroristas no son después del 911, y han azotado países como españa y colombia por muchos años, es ahora cuando se han multiplicado los ataques en cualquier lugar del mundo. El problema es que un ataque terrorista podría cambiar la vida que tenemos en solo un segundo y por eso debemos estar preparados. Las leyes en cada país son diferentes y a ellas debemos atenernos los que somos personas de buena voluntad, pero siempre debemos tener en cuenta que siguiendo las leyes podemos estar preparados para estos momentos. Recientemente en California Estados Unidos ocurrió una masacre terrorista muy difundida en las noticias a solo semanas, quizás días de otro ataque en París Francia. Es por ello que cada dia se hace más necesario, entrenar, y prepararnos para cualquier evento. En este caso lo más importante es estar siempre pendiente de lo que está pasando, si las leyes lo permiten siempre cargar un arma de defensa personal y un equipo básico de supervivencia.

IV.- HACER PÚBLICO QUE USTED ES PREPER PUEDE SER PELIGROSO.

En 1961 la serie de la dimensión desconocida[5] sacó al aire un

---

[5] Twilight Zone o la dimensión desconocida fue una sería ampliamente

capítulo llamado Shelter donde un grupo de amigos se reunía y finalizando la amena cena se anunciaba el la radio que había la posibilidad de que una inminente guerra nuclear se avecinaba y les invitaban a todos a refugiarse en los refugios antinucleares creados en sus propias casa. En parte del brindis de la reunión algunos miembros criticaban el ruido que se hizo para construir ese refugio. La serie mostraba cómo en momentos de desesperación, los que antes eran tus amigos, minutos antes, se podían convertir en tus enemigos, coaccionados por la necesidad de salvar a su familia.

Ciertamente dejar saber a sus vecinos y amigos que usted es prepper puede ser peligroso, y es aquí donde un prepper debe tener olfato para identificar personas y grupos claves para la sustentabilidad. Si bien es cierto que lo ideal sería tener un grupo entrenado de prepper a su lado, también es cierto que quizás un no prepper pero que es médico tendrá mucho valor en cualquier evento. En consecuencia le recomendamos identificar los siguientes posibles compañeros para enfrentar cualquier situación:

1. Médicos, enfermeros y paramédicos son un activo importante en el grupo de sobrevivencia.
2. Personas con experiencia en supervivencia, aun cuando no sean survivalistas pueden ser de gran ayuda, principalmente si usted sabe que tienen experiencia en áreas donde usted conoce que tiene deficiencias.
3. Veteranos militares, policías o miembros de la reserva militar, son de gran valor defensivo.
4. Cazadores o agricultores son personas que también pueden colaborar enormemente en la reconstrucción del modelo de supervivencia que se desee.

---

conocida en los años 60's, luego se hicieron varias versiones o remake para TV con el mismo concepto.

5. Por último, todos los ingenieros, técnicos, inventores, mecánicos, son de gran valor para el grupo.

La realidad es que los grupos que se formen antes tendrán más posibilidad de mantenerse juntos cuando llegue cualquier evento, ya que los grupos nuevos son difíciles de mantener dado que se involucra una relación de vida o muerte y la confianza en ese momento es muy baja por el hecho de conocerse en un ambiente hostil. Ahora bien, los preppers tienen la tendencia de ser lobos solitarios, cosa que es un error, y esto va dado por múltiples factores: Apatía, extremismo, lucha de poder, desinformación, desgano o flojera, diferencias en el norte o forma de prepararse y muchos otros que hacen que los grupos se separen rápidamente.

La diferencia en formas de prepararse es quizá la más común de las excusas para separar un grupo de preppers, cuando algunos creen que el fin puede llegar por el colapso de la economía y otros piensan que es por un acto terrorista, los dos grupos no son 100 % compatibles y allí ocurren las rupturas. Uno de fines de esta guía es justamente demostrar que muchos de los que parecen no ser compatibles son más parecidos de lo que se piensa.

Decir o no sobre su forma de vivir como prepper, es algo muy personal, no obstante y en contra de lo que se plantea en el video que se comentó al principio de este capítulo, nuestra recomendación es decirlo, promoverlo, tratar de reclutar más adeptos (ellos serán menos cargas para el gobierno y para usted) y crear grupos de defensa. Cuando llegue el momento es mejor tener un grupo de conocidos, y si agregamos a ello que puedan estar entrenados, sería un plus que pocos podrán ofrecer. Recuerde que cada prepper es un problema menos cuando un evento ocurra. Algunas veces las personas se preguntan porque los policías casi siempre le ganan a los malhechores, no es porque los malhechores sean tontos, es simplemente porque los policias practican tácticas todos los días, y eso hace la diferencia, es por ello que un prepper debe tener sus planes practicados al derecho y alreves. Pero no solo practicarlos en privado, sino ponerse de acuerdo con otros, se ha demostrado que en momentos de tensión las personas que están solas tienen menos probabilidad de salir adelante que las que están acompañadas. Imagínese usted en un bunker, pasando meses encerrado solo...Es casi un hecho que terminara hablando con las paredes o con una pelota de voleyball. Ahora imagínese que tenga un grupo de personas con los que pueda hablar, planificar, compartir las tareas diarias, jugar, discutir, y hasta disfrutar de un buen libro o una película.

Con el tiempo usted logrará identificar quien vale la pena conocer su secreto y quien no, con algunos tendra pequeñas conversaciones sobre el tema que se desvanecerán rápidamente, con otros, los más interesados las conversaciones son interesantes y con información masiva de lo que piensan cada uno sobre el tema, es allí donde usted tomará decisiones si le agrega a o no al grupo, o quizás, esa persona le agregue a usted y su grupo al grupo de ellos. Lo más importante en este caso es que se tenga claro que las sociedades que se realicen en este aspecto son relaciones de vida o muerte, ya que su vida y la de los seres queridos dependerá de esas personas en algún momento por lo que un error podría costarle caro. Les dejamos entonces un listado de los pasos a seguir para revelar o no su posición como prepper:

1. Averigüe siempre con quien está hablando, su profesión, sus habilidades, su historia previa, sus experiencias anteriores.
2. Comente sobre temas post-apocalípticos y tome nota de quien están interesados, curiosos o simplemente lo toman como broma.
   a. Los Interesados son potenciales socios. Son preppers de algún nivel.
   b. Los curiosos puede que les llame la atención o puede que solamente les interesa el tema más no lo comparten. Puede tener aquí un excelente nuevo prepper.
   c. No pierda su tiempo con esas personas, ni explicando y

justificando su modo de pensar porque ellos están en el polo opuesto y sera muy dificil hacerles entender el típico dicho de los prepper "No es si sucederá, sino cuándo sucederá". Al contrario, ponga a estas personas en su lista negra, ya que en el momento de que algo pase estas personas son las primeras que están desesperadas, evite mayores detalles de sus preparaciones, ellos podrían ser un peligro par los suyos.

3. Identifique en las personas cuáles son sus hipótesis y si son compatibles con las suyas.

4. Identifique si esas personas tienen habilidades para trabajar en grupo o si son abiertamente lobo solitarios.

5. Si considera que son buenos para trabajar en grupo entonces háblele de sus adelantos en el tema e invitarlo para futuras reuniones para hablar del tema.

6. Si la persona asiste a esas reuniones preliminares, identifique qué grado de compatibilidad tiene con el grupo.

7. Si considera que es una ficha que puede colaborar con el grupo entonces agrégalo al tablero y empiece su nuevo reclutamiento

Si sigue estas recomendaciones y seguramente encontrará un grupo interesante para sobrevivir cualquier evento.

V.- ANTES DE CUALQUIER DESASTRE

Como lo hemos comentado anteriormente, no es si va a suceder el desastre, es más bien cuando va a suceder. En consecuencia, ya sabemos que va a pasar y o mejor es estar preparado para ello. La preparación antes del evento tienen múltiples etapas, y es como cuando usted es un aficionado a correr y sueña con algun dia entrar en un maratón, al principio no podrá correr 42 kilómetros, lo mejor es hacerlo por etapas, donde cada vez podrá abarcar más y tener mejor entrenamiento en cada una de las cosas nuevas que va aprendiendo. Prepararse para un desastre es sumamente complicado y tiene un gran secreto...ORGANIZACIÓN.

Es por ello que hemos desarrollado una lista paso a paso donde tendrá claramente diferenciada cada una de las etapas que debera complir para llegar a estar completamente preparado para cualquier evento o desastre natural. Se ha creado la lista usando pequeños círculos para que sean rellenados cuando está cubierto ese punto, de esa manera podrá seguir al siguiente. Hemos trazado nuestra estrategia pensando que la probabilidad de que usted está en su base[6] será casi nula, por lo que la primera etapa será llevarle a la base. En tal sentido enumeramos las siguientes etapas y en cada una de ellas se dejará saber cuales son los productos que se deben tener antes del evento, posteriormente en la siguiente sección hablaremos de lo que se debe hacer durante el evento con lo que se tiene antes del evento y por último en otra sección se hablará que hacer también después del evento o desastre:

1. De regreso a la base
2. En la base
3. De la base al refugio[7].
4. En el refugio.
5. Reconstrucción de la base y la sustentabilidad.

De regreso a la base

---

[6] **La Base:** es la forma como denominamos el primer sitio de encuentro, donde normalmente almacenará mucho de su equipo y suministros, hemos diferenciado a la base de la base final porque podemos entender que un prepper tenga un refugio aislado de su base donde pretende llegar para resguardarse hasta que las cosas se "normalicen".

[7] **El Refugio:** puede ser la base, aunque es más estándar para los preppers tener un lugar alejado de la base donde pasarán sus días, a espera que las cosas vuelvan a la normalidad o que simplemente la gente resuelva sus problemas por sí mismo sin tocarle al prepper o a sus seres queridos.

Entremos en materia, analicemos el contexto de la situación. La idea de esta lista es que fue hecha de forma progresiva, desde lo más importante hacia abajo. Sea cual sea el desastre las características son siempre las mismas. La recomendación con este primer equipo, es que lo use en varias oportunidades, practique con cada uno de ellos, mantenga un inventario constante, lo que use y gaste vuélvalo a reponer en el inventario, mantenga todo limpio y en buen estado.

Si usted ha logrado sobrevivir el evento principal necesitará una serie de cosas básicas que pueden hacer la diferencia entre la vida y muerte en el desastre como tal. He aquí la lista y el porqué o para que:

▢ **Agua en bolsas**: bolsas de agua filtrada de 125 ml. Son el último recurso, y la idea es que se use una maximo por dia. Es bien sabido que para sobrevivir se necesitan 2.5 a 3 litros de agua por dia solo para bebida y alimentación, pero estas bolsas podrían mantenerse hidratado mientras consigue una fuente de agua (sin importar el estado del agua).

▢ **Filtro de Agua**: Un filtro de agua de supervivencia será su mejor aliado, recuerde que necesitará 2 a 3 litros diarios de agua para mantenerse hidratado.

▢ **Un paquete de 3600 calorías de ración de comidas**: son unas galletas comprimidas, normalmente con sabor a vainilla. Normalmente usadas en botes en caso de naufragios. Son útiles ya que se pueden guardar por hasta 5 años y el sello previene que se dañen o les entre humedad. Normalmente están divididas en pequeñas galletas tipo polvorosas que tienen cada una de 300 a 400 calorías. Suficientes para suplantar una comida de emergencia.

▢ **Navaja retráctil**: Está será su más preciado objeto durante todo momento, puede ser el que le salve la vida tanto por seguridad como por todas las cosas que se pueden hacer con una navaja retráctil.

▢ **Pequeño kit de supervivencia**: comúnmente almacenado en cajas metálicas de mentas o de plástico, donde se pone una serie de productos básicos como cuerdas, lápices, encendedores y muchas otras cosas que pueden ayudar a sobrevivir en una situación extrema, la idea es que las pequeñas cosas no se conviertan en una pesadilla, una cortada, un shelter de emergencia, algo que necesiten cortar, hacer fuego, inclusive un dolor de cabeza pueden ser resueltos con este pequeño equipo. Ver Anexo 1.

▢ **Herramienta Multifuncion**: en 1983 salieron las primeras herramientas multiuso leatherman®, desde ese momento ha sido un utensilio básico en cualquier situación de emergencia. Quizás parezca que no se va a usar, pero recuerde, uno de los principios básicos para escoger una herramienta es que sea difícil de recrear en la naturaleza y si a esto le agregamos el segundo principio que es la opción de que pueda usarse para dos o más cosas o situaciones a la vez, esto hace las herramientas multiuso esenciales.

▢ **Equipo de limpieza personal**: en la supervivencia una de las cosas básicas es la higiene, este le mantiene alejado de enfermedades, le elimina malos olores que puedan ser detectados y lo más importante le sube la moral.

▢ **Cuchillo de hoja fija**: busque siempre tener un cuchillo que sea de hoja entera, no que termine en un pequeño tubo dentro del mango que se les llama hoja de cola de rata o los que son de hoja parcial que solo llegan a la mitad del mango, estos cuchillos tienden a desarmarse. Un cuchillo de hoja entera tiende a ser más duradero, un cuchillo se usa para muchas actividades, y definitivamente es una de las cosas más difíciles de recrear en la naturaleza. Ver anexo 2.

▢ **Paracord**: La cuerda es también una de las cosas más difíciles de reproducir en la naturaleza, es por ello que el paracord o cuerda de paracaidista es ideal para cualquier equipo básico de supervivencia. Durante su regreso a la base podría tener necesidad de hacer trampas, cerrar puertas, guindar cosas, sujetar algo, y el paracord es la solucion a eso. Existen más de 100 usos que se le pueden dar al paracord y la imaginación es el límite. Ver anexo 3.

▢ **Guantes**: Las personas que han estado en situaciones extremas saben que las manos son una de las cosas más importantes para sobrevivir, y lo que menos quiere es tener un golpe o cortada de uno de sus manos, es por ello que una protección les vendrá bien.

☐ **Lentes de protección**: En situaciones extremas es común que cosas exploten, salpiquen, inclusive que el humo o el agua molesten nuestros ojos, no es buen momento para tenerlos desprotegidos.

☐ **Linterna solar**: Si bien es cierto las linternas solares no alumbran como las de baterías, también es cierto que la dependencia de baterías puede poner en riesgo. Es por ello que en estos casos recomendamos inclusive una linterna de propela que se carga al darle vuelta a la propela or un tiempo determinado, se estima que uno a 3 LED se pueden cargar con unos 3 minutos de rotación de un propela. En el caso de que la linterna sea solar 3 LED se mantienen cargados toda la noche solo con la luz regular del sol.

☐ **Baterias AA, AAA**: tenga siempre 2 o 3 cargas de los equipos que sean de baterías.

☐ **Brújula**: La brújula y los mapas son básicos para saber dónde está la base, o el refugio. Lo idea es conocer cómo usar la brújula y así poder mantenerse en movimiento sin perderse. En zonas planas es fácil, pero en zonas de montaña es más complicado. Una simple ladera puede cambiar su curso totalmente y hacerle perder horas.

☐ **Mapa**: Junto con la brújula es la principal herramienta par saber donde se encuentra y a dónde va. Se recomienda tener un mapa de la ciudad y un mapa del estado.

☐ **Lampara de emergencia**: Existen en el mercado algunas luces de emergencias que sirven para avisar sobre la posición, recuerde que está listado está hecho para cualquier propósito y si usted está atrapado en un acantilado, o en cualquier sitio donde espera ser rescatado, estas luces pueden alertar a los equipos de rescate donde usted se encuentra.

◻ **Fuego instantaneo:** Una de las maravillas del survivalismo moderno es estas pequeñas pastillas que encienden inclusive mojadas, altamente inflamables que le ayudaran en los peores momentos. Recuerde que no va a tener muchas en este equipo así que usarlas cuando realmente todos los demás medios para encender el fuego no le funcionen. (Iniciador de fuegos o hace fuegos[8], lupa, encendedor, vaselina)

◻ **Encendedor:** Algunos piensan que este es uno de los utensilios más básicos en todo equipo de supervivencia, y la verdad es que es muy conveniente, solo recuerde que en algunos eventos de supervivencia el fue es necesario pero en otros no. Sea como sea, siempre es mejor tener un encendedor a la mano, muchas veces cuando no se tiene práctica encender una simple fogata puede ser un dolor de cabeza y una pérdida de calorías innecesarias.

◻ **Mini Hornillas:** Existen varios modelos de hornillas para supervivencia, muchas de las cuales se doblan hasta quedar prácticamente como hojas metálicas del tamaño de un teléfono celular. Tener esto le evitará en muchos casos hacer una fogata, y en tiempos de desesperación eso puede ayudar a salvar su vida, recuerde que al igual que usted muchos estaran afuera buscando que comer y ver una fogata es indicación de que la comida está servida, lo que podría comprometer su seguridad.

◻ **Cubiertos de supervivencia:** Usted pudiera usar cualquier cosa para comer, pero hoy en dia se puede tener unos cubiertos de supervivencia económicos, de buena calidad y que no ocupan casi espacio ni pesan, es una inversión que le hará la vida más cómoda.

◻ **Binoculares:** pudieran ser considerados un lujo, pero tome en cuenta que usted se dirige a un sitio y está en teoría saliendo de un sitio afectado por un desastre. ahora piense qué podría pasar si el sitio a donde va esta

---

[8] Barras de ferrocerio: son barras de una aleación sintética que generan un gran cantidad de chispas de fuego, está compuesto por hierro 19%, cerio 38%, lantano 22%, neodimio 4%, praseodimio 4%, magnesio 4%.

peor que del sitio donde viene. Tener la posibilidad de ver a lo lejos le da una ventaja ante cualquier adversario o ante cualquier adversidad.

▢ **Podómetro**: Un podómetro puede ser muy útil para calcular distancias, si tomamos en cuenta que podemos medir la distancia de un punto A a un punto B en un mapa entonces podemos saber cuántos pasos deberemos hacer y eso no puede dar una idea de que tan lejos estamos. Para el cálculo exacto de la distancia quizás deba usar el teorema de pitágoras, cosa que en momentos de supervivencia, no nos vamos a engañar, al menos que está con un genio que quiera calcular raíces cuadradas, no es el momento correcto para hacerlo. No obstante, el mapa tiene una escala y se puede determinar cuántos kilómetros o millas cuadradas tiene cada cuadro, luego se estima que cada milla equivale a unos 2000 pasos o que cada Km son unos 1400 pasos aproximadamente. Estos son números tomados de pasos de unos 80 centímetros y pueden variar de sujeto a sujeto, pero te pueden dar una idea.

▢ **Martillo/Hacha**: Estos dos son herramientas muy útiles a la hora de tener que construir algo, y en la supervivencia muchas veces tenemos que improvisar y construir cosas para ayudarnos, podría ser de gran ayuda tener aunque sea la versión más pequeña de estas herramientas. Recuerde que está es un primer equipo de supervivencia que solo sirve para regresar a la base o al refugio.

▢ **Radio de propela**: Una de las grandes diferencias entre un Prepper y uno que no lo es, es la facilidad con la que logra identificar que hay un problema y reaccionar en tal sentido. Un radio de onda corta puede ayudar a identificar rápidamente qué está sucediendo y qué medidas tomar. Hay situaciones de desastre que solo tienen 30 minutos para tomar decisiones, otras apenas unos cuantos minutos o segundos, el que tenga la información será el que pueda sobrevivir. El radio de propela o bobina puede que tenga también la posibilidad de tener baterías, inclusive algunos tienen hasta una banda solar para cargar, pero lo más importante es que usted nunca pierda.

▢ **Metro para medir**: Cualquier metro puede servir para ayudar a construir muchas cosas en momentos de supervivencia, muchas veces una pulgada puede hacer la diferencia. Algo tan insignificante como una pulgada pudiera hacer que una represa cediera, o una puerta no cierre, o que un puente se caiga, cualquier de estos podría ponerlo en problemas.

□ **Porta Pastillas**: Un dolor de cabeza en un momento de tensión puede hacerle perder el control, una alergia o cualquier condición médica que tenga, es por ello que debe tener un grupo de pastillas.

□ **Kit Médico**: Cualquier emergencia médica básica es un verdadero retraso para su llegada a la base o al refugio. Ver Anexo 4

□ **Kit para pesca de emergencia**: Un equipo básico de pesca puede servir solo en caso de que este cerca de zonas donde pueda pescar, sería ridículo tenerlo en una zona desértica. En ese caso quizás unas trampas para casas tendrían más sentido.

□ **Pastillas para purificar el agua**: En una situación de desastre lo peor que usted puede hacer es beber agua contaminada, es por ello que las pastillas purificadoras son de gran ayuda, también puede servir el cloro y otros métodos como el yodo y los filtros. ver Anexo 5 o Anexo 18

□ **Toalla secante**: Muchas veces vemos esas toallas de cuero que se usan para secar los carros y pensamos que es un invento prácticamente obsoleto, pero sí toma en cuenta que esas toallas pueden simplemente pasarse por una planta al amanecer y recoger toda el agua que el rocío ha dejado y luego al exprimirla dejarnos un vaso de agua fresca, la verdad es un gran invento para un prepper.

□ **Poncho**: El poncho ha sido utilizado por más años de lo que se piensa, y es quizás uno de los compañeros más queridos de todo militar en combate después de su arma reglamentaria. El Poncho puede usarse para cubrirse mientras que se camina en la lluvia, o mientras se está estacionario, pero también se puede usar para hacer múltiples formas de refugio o carpa. Ver Anexo 6

◻ **Cargador Solar**: muchos de los equipos electrónicos que hoy poseemos pueden ayudarnos muchísimo en un desastre natural, después que el huracán Wilma paso por Miami en el 2005 con una devastadora categoría 3. El servicio telefónico estuvo caído por unas 24 horas, el servicio de luz por 15 días, las personas que tenían cargadores solares o plantas de energía pudieron mantenerse informados de todo lo que estaba pasando los que no, pasaron 15 días en oscuridad, periodo que casi llevó al sur de la florida a disturbios, caos, saqueos y anarquía.

◻ **Glow Stick o palitos luminosos**: Algunos lugares son realmente oscuros, y entrar a ellos en plena oscuridad es más peligroso de lo que se piensa. Los palitos o bastones de luz fluorescente conocidos también como glowstick son perfectos para ser lanzados a una zona oscura que se quiera reconocer. También sirve para proporcionar luz en áreas donde la visión nocturna propia del humano ya se ha ajustado, pero repentinamente es necesario tener más iluminación, si se usa luz artificial, se perderán algunos segundos mientras el ojo se ajusta a la nueva luz, pero si se usa la luz de color rojo, esta no afecta la visión, y podrá actuar de inmediato sin ningún retraso.

◻ **Cobertor de emergencia Tarp o Lona**: Aunque es uno de los accesorios que más espacio ocupará en su equipo basico es uno de los más importantes, puede ser suplantado por el poncho, aunque no es lo ideal. En periodos cortos no hay problemas, pero si la distancia entre el sitio donde se encuentra y la base es grande entonces sería mejor tener una lona o carpa, porque se estima que podría pasar días antes de llegar a la base y mientras más protegido está de la intemperie en mejor estado llegará a la base. Ver Anexo 6

◻ **Papel Toilet de emergencia**: a algunos les dará gracia esto, pero solo los que han estado en el frente de batalla, en la selva o en algún lugar donde las facilidades sanitarias son nulas, podrán afirmar que el papel toilet es un producto realmente necesario y que proporciona una tranquilidad al individuo.

◻ **Cinta Metálica o Duct tape**: Un prepper sin cinta o teipe de plomo o

Duct tape es un prepper incompleto, esta tienen tantas aplicaciones que sería imposible enumerarlas aquí. Ver Anexo 7

☐ **Arma larga**: Para el equipo básico es casi imposible tener un arma larga por el espacio que ocupan, aunque existen algunas armas largas que son especiales para la supervivencia y que vale la pena saber, son armas que tienen la capacidad de armarse y desarmarse en el momento que se necesitan y que pueden fácilmente llevarse en un bolso de supervivencia, el Chiappa® Little Badger, el Henry® Us Survival AR-7, El Ruger® 10/22 takedown y por último nuestra última recomendación es el Chiappa® X-caliber. Ver anexo 8

☐ **Arma corta**: Las armas cortas son sin duda el complemento perfecto del equipo básico de supervivencia y si tiene una de esas seguro que llegará a la base, o por lo menos las probabilidades son mayores. Los calibres pueden variar, y aunque se recomienda el calibre .22 para la supervivencia, en el caso de la vuelta a la base se recomienda tener un calibre mayor .38 o .40, porque más que un enfrentamiento a gran escala, se necesita fuerza de choque, y eso solo lo pueden tener los calibre más altos. Existe una relación inversamente proporcional entre el calibre de las armas y el tiempo en supervivencia. A mayor tiempo del desastre menor es el calibre que se necesitara, ya que el secreto en ese caso será la cantidad de municiones que se tenga y los calibres más pequeños son los que más faciles son de transportar, es por ello que a largo plazo el calibre .22 es el preferido de todo prepper.

Todos estos equipos son lo que necesita para llegar a la base o al refugio, muchos creen que no es importante tener claro esto, pero cuando la catástrofe suceda es casi imposible que usted está en la base y lo más seguro es que le agarre desprevenido. Si usted tiene éste equipo en su carro o en su oficina mientras está trabajando, podrá llegar fácilmente a la base. Algunos prepper repiten este equipo en todos los sitios donde pudieran de alguna manera estar en el momento de la catástrofe, (Oficina, carro, casa de los padres, casa de los hijos) así, sea donde sea que lo agarre, usted podrá resolver como llegar a su base. Los equipos básicos antes de la base son económicos, si tomamos en cuenta todo lo que puede llevar prepararse contra un ataque y un resguardo de más de 12 meses que es lo que usted tendría en la base. normalmente el equipo básico es para ir desde el sitio donde usted se encuentre (desconocido) hasta la base. Esto puede llevarle entre 24 horas a 30 días. Pero se estima que usted llegue a su base en un promedio de 72 horas. Cabe destacar que las primeras 72 horas de un evento o catástrofe son las más peligrosas, por lo que es básico que en este momento tenga equipo de primera que le ayude a sobrevivir las primeras 72 horas. Ver Anexo 9 para lista completa.

En la base

Finalmente ha llegado a la base, ahora depende de otras cosas, el equipo de la base es un equipo más completo que no solo depende de lo que ya tiene sino que pretende mantener vivo mientras la situación se normaliza o mejor aún, se elimina el riesgo de que le pase algo.

La base puede ser el mismo refugio, pero en muchos casos el refugio es diferente, la idea es que usted pueda diferenciar cada uno de los sitios por lo que son. No está mal que la base sea el refugio, simplemente que si la base es el refugio debe tener unas características diferentes.

Si la base es el refugio…Entonces todos los recursos van al refugio y solo existe un sitio donde se tenga la esperanza de guardar a los seres queridos. Ahora bien, si por el contrario, usted tiene dos sitios, debe enfocar su fuerza en llevar a su grupo al refugio. Eso se hará en dos etapas, enumeramos lo que necesitará en esta etapa y luego nombraremos lo que necesitará en el traslado y en el refugio.

En la base lo más importante es prepararse para lograr llegar al refugio, muchas veces el equipo de la base es solo para resistir hasta la salida, quizás algo del equipo de la base se deje atrás ya que es principalmente para resistir pero es difícil de trasladar, todo depende de cómo sea el traslado, si es a pie, en vehículo, y el tamaño del vehículo o su capacidad de carga. Además de todos los equipos para llegar a la base, se recomienda tener:

Electrónicos:

◻ **Linternas solares:** En algunos manuales recomiendan otro tipo de linternas, y la verdad, nunca está de más la cantidad que pueda acumular de linternas, pero seamos claros y objetivos, el desastre al que usted se enfrenta puede durar una semana o quizás 3 meses en resolverse, las baterías serán cada día más difíciles de conseguir y solo los que invirtieron en algo tan sencillo como una linterna solar tendrán luz. También pueden servir las linternas de bobina, dinamo o crank. Existen inclusive algunas de dinamo que son para ponerse en la cabeza y dan 23 minutos de iluminación por cada minuto de vueltas.

◻ **Radio de dos vías:** Existen 3 tipos de frecuencias que se pueden usar en una situación de emergencia y que los civiles tenemos acceso, la primera y la más comunes son FRS, GMRS, CB y HAM. Para la primera no se necesita licencia, en el caso de GMRS se requiere licencia que dura 5 años renovable, y una vez se obtiene cualquier miembro de la familia puede usarla, para los CB se recomienda hacer el curso para poder comunicarse cómodamente con el resto de los usuarios y en el caso de la frecuencia HAM la licencia es obligatoria. El alcance de las frecuencias medido normalmente en millas puede llegar a ser confuso ya que algunos radios proclaman tener hasta 20 millas de alcance cuando en realidad a duras penas tienen media milla o 1 milla. Est publicidad está basada en la transmisión de la voz en un ambiente o escenario perfecto

1. **FRS** (Family Radio Service) o servicio de radio familiar, es el más común de los servicios de radio su rango real se estima entre media milla a 2 millas. Las frecuencias 462.5625, 462.5875, 462.6125, 462.6375, 462.6625, 462.6875, 462.7125, 467.5625, 467.5875, 467.6125, 467.6375, 467.6625, 467.6875, 467.7125. Del primero al séptimo canal se comparte la frecuencia con GMRS.
2. **GMRS** (General Mobile Radio Service) aunque en el 2010 se pasó una propuesta para que esta frecuencia sea usada sin necesidad de licencia aún no ha sido aprobada. Posee frecuencia que comparte con FRS y algunas que son privadas, como los radios en esta frecuencia pueden tener más poder y las centrales tamb́en, pasan de transmitir con una potencia de 0.5W a 5W. Se estima que pueden llegar de 2 millas a 20 millas.
3. **CB**: (Civil Band) o banda civil es la más reconocida frecuencia para

emergencias en muchas partes del mundo. La frecuencia ronda desde 26.965 a 27.405 En Estados Unidos y Venezuela, es libre, en España, Italia, Argentina, México, Uruguay y Chile se debe pagar licencia o tramitarla gratuitamente con un permiso válido por cierto tiempo, en Guatemala el uso es exclusivo para el estado.

4. **HAM**: Amateur Radio o radio amateur, está sistema de radio es el preferido de todo survivalista, primero porque tienen más fuerza y mayor área de recepción y segundo porque al estar regulado el uso se remite más a profesionales. Se estima que en el mundo existen más de 2 Millones de usuarios HAM . Estas frecuencias están reguladas para ser usadas en 3 niveles de usuarios:

   a. **Nivel Técnico**: requiere pagar un monto y requiere pasar un examen de 35 preguntas, es el primer nivel y otorga el permiso para transmitir en frecuencias mayores a los 30 Mhz con esto puede tranquilamente comunicarse con todo los Estados Unidos y además le otorga algunos privilegios para empezar a transmitir en onda corta, cosa que le permitirá tener acceso a transmisiones internacionales.

   b. **Nivel General**: Para éste nivel se debe pasar el nivel técnico y hacer otro examen con 35 preguntas más avanzadas, y le permite el acceso a la transmisión internacional.

   c. **Nivel Extra**: éste nivel en Estados Unidos le permite usar todas las bandas disponibles para radio amateur en los estados unidos, también requiere que se pasen los dos niveles anteriores.

Supervivencia:

□ **Porta mapas**: En el equipo anterior es posible que ya tenga mapas, pero en este caso se recomienda que los mapas sean lo más detallados posibles, recalcando por ejemplo mapas del posible refugio, notas de como llegar, mapas de diferentes vias de comunicacion (tren, metro, autopistas etc.), mapas de por lo menos los estados adyacentes en caso de que deba cruzarlos. Todos estos mapas es mejor tenerlos en un lugar específico y los porta mapas militares son perfectos para esto, porque les mantiene secos y tiene un plástico transparente en el cual se puede ver el área que está usando en el momento sin tener que sacarlos.

☐ **Saco de dormir**: Es la mejor manera de permanecer secos en un evento o emergencia, el hecho de poder separarse del suelo le da el beneficio de mantenerse seco y que su temperatura corporal se mantenga estable. El saco de dormir debe depender de su zona, si vive en una zona donde haga frío en partes del año recomendamos uno bastante grueso, si por el contrario vive en una zona calurosa entonces procesa con uno liviano que solo le mantenga seco.

☐ **Pala Multiuso**: En un momento de supervivencia, una de las cosas que más se acostumbra es abrir huecos para múltiples cosas, drenajes, para ocultar la basura, para cocinar, e inclusive para guardar agua. Es por esta razón que una buena pala de campana le ayudará a hacer sus actividades más cómodas. Cuando hablamos de multiuso es porque la pala puede servir para cortar, puede tener pico, y hasta un destapador de botellas. Existen muchas en el mercado con múltiples opciones y variaciones.

☐ **Carpa para dormir**: la idea es que sea lo suficientemente cómoda para poderla trasladar fácilmente y que le proteja de la intemperie. Esta no es una carpa para hacer camping, esta es una carpa para sobrevivir, la diferencia es que en el camping usted puede buscar comodidad, pero en la supervivencia lo que se busca es que se proteja del medio ambiente solamente.

☐ **Menaje de campaña**: Aunque muchos piensen que es algo innecesario, la verdad es que comer sin un lugar donde hacer, cocinar o comer con las manos es bastante incomodo, es por ello que un pequeño espacio de su equipo puede hacerle la vida más simple. Mientras más pequeño y compacto sea mejor, existe ahora en el mercado cosas espectaculares, pero recuerde, no es camping es sobrevivencia.

☐ **Comida deshidratada**: La idea es que tenga 3600 calorías por persona por dia. Aunque la realidad dice que con 1200 calorías usted se puede mantener por un periodo de tiempo. Y esto lo enfatizo porque si pretende esperar en su base a que las cosas se calmen, o no logro salir a tiempo entonces es mejor que guarde la mayor cantidad de comida posible y que raciona la comida lo más que pueda. Existe una fórmula para calcular cuántas calorías consume su organismo al dia. Un hombre consume 1 caloría por kilo por hora. lo que quiere decir es que una persona que pesa 100 kilos consumirá un total de 2400 calorías diarias mínimo. Pero esta fórmula también puede variar dependiendo de la actividad que se haga, si usted está en un sitio sentado sin hacer nada durante todo el dia, el consumo calórico será menor a si está buscando leña en el bosque para mantenerse caliente.

☐ **Agua**: Agua en todas las formas posibles, guárdela donde pueda y tenga varios medios como obtener agua, este es el secreto principal de la supervivencia, solo se puede resistir 3 días sin hidratarse, así que tomé este número bastante en serio. El mínimo para sobrevivir será de 2 litros diarios, pero esto dependerá del medio ambiente, por ejemplo en un verano soleado en Marbella España podría necesitar hasta 12 litros de agua para sobrevivir. Esto también varía de acuerdo a la actividad que realice, si está bajo la sombra, que tipo de ropa usa, y que tipo de comida consume, pero siempre, bajo todo concepto será un mínimo de 2 litros al día por persona. Así que si está en su base y pretende quedarse 30 días alli, debera de tener al menos 60 litros de agua para apenas consumo, sin contar con higiene personal.

☐ **Armas largas**: Este tema es delicado y depende de que las regulaciones de su país lo permitan, le aconsejamos que antes de seguir cualquier consejo revise las leyes de su país y actúe en concordancia con las mismas. Dicho esto nuestra recomendación para la base es:

1. **Un rifle de largo alcance.** Para repeler cualquier ataque desde lejos. Para cazar a su presa desde lejos.
2. **Una escopeta** de perdigones. Para defensa personal o para caza de animales.
3. **Un rifle de asalto.** Definitivamente el arma preferida de cualquier survivalista.

☐ **Armas cortas**: Cualquier arma corta es buena en caso de defensa personal cuando hay desastres, recuerde que los amigos de lo ajeno, esos que hoy se burlan de usted por estar preparado, esos que le dicen que cuando suceda algo iran directo a su casa a sobrevivir, pues harán justamente eso, directo a robarle lo que saben que usted tiene, para ellos dejara de ser su amigo y sera la unica manera de sobrevivir para sus seres queridos. Igual que la recomendación de las armas de fuego, recuerde revisar sus leyes locales.

□ **Armas blancas**: Por muchos años las espadas y cuchillos han sido la mejor herramienta para defenderse, y no va a ser esta la excepción, recuerde que estará pasando momentos precarios, donde una lata de frijoles puede ser más valioso que un ferrari sin gasolina. Pero si de defensa se tratase solamente los cuchillos podrían quedar relegados en la última posición, la verdad es que el cuchillo es una de las herramientas más difíciles de recrear de la naturaleza, y mejor aún, con un cuchillo usted puede hacer miles de cosas, como trampas, refugios, armas, limpiar un animal muerto, fabricar utensilios, otro cuchillo y muchos más.

De la base al refugio

Esta es una de las etapas más peligrosas de la supervivencia en un desastre, no solo porque puede enfrentarse a los remanentes del desastre o a los daños colaterales. En un terremoto podrían ser los derrumbes de las construcciones existentes, en un tornado igual, en un huracán las inundaciones o destrucciones o los cableados de electricidad. Aunado a esto, y dependiendo del tiempo que pasó en la base, la desesperación del colectivo será mayor, y podría incrementarse aún más si el gobierno no ha tomado control de la situación, en ese caso las cosas pueden ser realmente desesperadas. Es por ello que los materiales importantes en este caso son todos los anteriores, haciendo énfasis en la defensa personal y los siguientes:

□ **Morral de viaje**: suficiente para todo su equipo.

□ **Carrucha, carretilla o cesta de mercado**: Si el viaje lo va a hacer a pie, le recomendamos una carrucha o cesta de mercado para que traslade las cosas con ruedas y sea más fácil.

▫ **Luz o lámpara para la cabeza:** recuerde que el viaje lo debería hacer de noche cuando está menos vulnerable a que le vean, pero en situaciones donde usted no vea será necesaria una linterna y nada mejor que tenerla manos libres.

▫ **Equipo de primeros auxilios**: Aunque en nuestro equipo básico tenemos algunos esenciales de primeros auxilios, es necesario tener un equipo completo de primeros auxilios cuando vamos a emprender el viaje al refugio, ya que cualquier accidente puede ser peligroso si no se controla a tiempo, recuerde que las autoridades tendrán las manos llenas de problemas, eso en el mejor de los casos. Se estima que el 50 % de las víctimas en cualquier catástrofe son por heridas producidas después de la catástrofe, por imprudencia y por no poderlas atender a tiempo. Una simple cortada, puede convertirse en una intoxicación masiva del cuerpo sino se toman los antibióticos necesarios.

▫ **Una buena cantimplora**: hoy en dia ya las cantimploras han pasado a segundo plano y más bien les llaman riñoneras, consisten en una bolsa de alta resistencia que va adherida o dentro de un compartimiento del morral, donde se almacena el agua, y que tiene unos tubos para que la persona pueda tomar agua sin tener que detenerse.

▫ **Reloj**: Para algunos hoy en día tener un reloj es cosa de un reloj inteligente, pero en la supervivencia estos relojes serán un pisapapel, necesitará un reloj si es posible de baterías o que no necesite baterías, que pueda cronometrar y que pueda ver las horas durante la noche. Aunque parezca algo superfluo, muchas actividades podrían ser hasta cronometradas, por ejemplo, si puso unas tablas en agua para purificarla, no deberá tomar de esa agua hasta dentro de 4 horas, es por ello que es tan importante.

▫ **Botas, o zapatos, pantalón, camisa y sombrero**: Cuando se dirija a la base la ropa es algo que puede cambiar muchas cosas, si está en una zona templada debe salir acorde con el clima, si por el contrario está en una zona subtropical, lo mejor será estar fresco. El calzado es realmente importante ya que es posible que ni siquiera pueda tener un par de repuestos por el tamaño de su equipo, en consecuencia, si sus zapatos son incómodos pueden retrasar el viaje y hasta impedirlo. El sombrero es necesario tanto en frío como en calor ya que esto le ayudará a mantener el calor corporal y a protegerlo del sol.

▢ **Casco, lentes y guantes**: los últimos productos son principalmente para protección, los que han estado haciendo camping saben muy bien que las manos tienden a maltratarse con golpes y con objetos punzo penetrantes fácilmente. Al igual que los ojos pueden estar desprotegidos ante cualquier partícula que salga disparada. Por último en eventos como un huracán, tornados, tormentas, o en terremotos, pueden haber partículas en el aire o pueden caer de estructuras elevadas y es mejor tener la cabeza protegida. Si a esto le agregamos el factor de un ataque de malhechores, entonces tenemos la fórmula perfecta para protegernos en una emergencia. Nuestra recomendación es que pruebe su equipo y se sienta cómodo con él, puede que necesite tenerlo puesto por muchas horas, mientras que sale de la zona de peligro.

En el refugio

Cuando ha llegado al refugio lo que menos desea es preocuparse porque algo está faltando, lo ideal es que todo lo que tenía antes del evento y en la base está también en el refugio, pero muchas veces el presupuesto no ayuda, así que lo ideal es que llegue con todo lo que trajo de la base. No obstante hay muchas cosas que solo en el refugio deben estar, y a continuación los enumeramos:

▢ **Comida**: sea cual sea la forma que usted decida tener su comida guardada recuerde que la comida depende de varios factores:

1. Tiempo que puede ser almacenada.
2. Temperatura a la que debe ser almacenada. Inclusive la comida deshidratada debe ser almacenada en una temperatura especifica, mucho calor o frío podría comprometer el tiempo de duración.

3. Cantidad que se necesita.
4. Lo que necesita para cocinarla o comerla. En algunos casos la comida solo necesita agua para ser agregada, en otros debe ser calentada, y en otros no necesita nada y se como como esta.

▫ **Semillas**: Una de las bases del survivalismo es la sustentabilidad, y la posibilidad de volver a sembrar y hacer crecer la comida que necesita es quizás una de las más importantes metas que debe tener, recuerde que después de sobrevivir se debe buscar volver a la normalidad. Ver anexo 10

▫ **Agua**: Si tomamos en cuenta que el refugio será el lugar donde usted pretende resguardarse de las consecuencias del evento o catástrofe que ocurrió, una de las cosas más importantes que va a necesitar es el agua. Un pozo, un lago o río cercano y seguro, unos recolectores de agua de lluvia, condensadores de agua salada o simplemente recipientes de agua potable, recuerde que necesita de 2 a 6 litros de agua diario por persona mínimo para sobrevivir.

VI.- TIPOS DE COMIDAS DE SURVIVALISTA

Mucho se especula de cuales son los tipos de comida que debe tener un survivalista y para ello hemos preparado una lista completa de lo que se debe o recomienda tener.

▫ **MRE (Meal Ready to Eat)**: Utilizado por los ejércitos de todo el mundo, son un grupo de comidas que vienen con un componente que al agregarle agua hace una reacción química que genera calor, al poner el sobre de comida dentro del sobre donde esta el químico, la comida se calienta de inmediato y hace que sea fácil de comer. **Beneficios**: hoy en dia vienen en tantos sabores y combinaciones que es casi imposible que no exista alguno que le guste. Hoy en dia hasta existe una versión Kosher. no requieren de absolutamente nada para comerse, lo que quiere decir que la persona puede preparar la comida caliente sin necesitad de que se usen ornillas o fogatas para ello. Al no tener que usar ningún sistema de cocina entonces es más seguro porque no delatara su ubicación. Ideal para misiones de reconocimiento o para tener en el equipo de vuelta a la base.

Inclusive en el equipo de ida al refugio. **Contras**: son altamente costoso, una sola unidad puede estar en el orden de $10 a $15 dólares. Ocupan demasiado espacio. Apenas suministran 1200 calorías. En un clima ideal pueden durar 5 a 7 años. Aunque en Iraq durante la Operación Tormenta del Desierto 1990-1991 se reportaron MRE dañados en apenas 6 meses. Ver anexo 11

▫ **Las comidas deshidratadas**: En importancia son las segundas, ya que se puede decir que hoy en día ofrecen casi igual beneficios de los MRE, vienen en una cantidad interminable de opciones y combinaciones. Normalmente viene en dos formatos, el paquete que es una comida completa y los paquetes que ingredientes de una comida completa, en pocas palabras, el arroz, la carne molida, o cualquier otro ingrediente por separado, la idea es que se prepara una comida con varias ingredientes para un grupo de 4 a 6 personas. **Beneficios**: son más económicos, ocupan menos espacio, la variedad es impresionantemente grande. El costo de una ración puede rondar los 80 centavos hasta los $4. Su tiempo de duración en buen estado en un clima ideal puede ser de hasta 25 años. Ideal para tener en la base y en el refugio. **Contras**: El hecho de venir en paquetes divididos hace que para una sola persona no sean muy funcionales. En algunos casos parte de los ingredientes son de alta cantidad de jarabe de maíz con fructosa.

▫ **Los enlatados**: Durante muchos años fueron la comida preferida de los prepper o survivalistas, tanto así que el mercado creo repisas especiales para latas de modo tal que las personas pudieran almacenarlas y ordenarlas en orden de vencimiento. **Beneficios**: La variedad es impresionante, igual que los diferentes tamaños, aunque lo más importante es que en el 80% de los casos ya están cocinadas y ni siquiera necesitan calentarse. Por otro lado el gusto es bastante aceptable, y el recipiente puede usarse para calentarla (no usar microondas por supuesto). **Contras**: son muy pesadas (recuerde que dentro ya tienen el liquido adentro), el costo ronda de 60 centavos a $3. Jamás se les recomienda para traslados, al menos que sean la ultima opcion. El tiempo de vida puede variar de 12 meses a 5 años.

▫ **Tallarines**: En los últimos años ha empezado una corriente entre los preppers que les llama la atención este tipo de comida, por múltiples factores que nombraremos principalmente entre los beneficios. **Beneficios:** Son uno de los alimentos más livianos que pueden haber en el mercado, pensando apenas unas cuantas onzas, el costo es ridículamente bajo llegando a costar un máximo de 70 centavos por comida. Ocupan apenas ⅓ del estacio de un MRE. **Contras:** Su tiempo de duración no es mayor a 2 años. No hay mucha variedad, prácticamente todos saben iguales.

◻ **Comidas envasadas en vidrio al vacío:** Para los survivalistas, está es un método bastante cómodo y que se ha aprendido por generaciones, en muchos casos algunos tienen despensas llenas de las más asombrosas combinaciones posibles, entre las que podemos destacar carnes, frutas, vegetales, y muchos más. **Beneficios:** Son fáciles de preparar, Pueden tener alto contenido nutritivo. Aunque podamos decir que que se recomienda consumirlas en 12 meses, algunas conservas pueden durar muchísimos años. **Contras: Son extremadamente pesadas, son muy delicadas cuando se guardan en vidrio, se recomienda almacenarse a una temperatura entre 25-30ºC.**

◻ **Carnes Secas:** El arte de curar las carnes y los pescados es ampliamente conocida, tanto así que comercialmente se conoce del Jerky® que se vende en bolsas y que es una excelente fuente de proteínas. Está proceso comúnmente es poniendo a secar carnes magras (no debe tener grasa). Otros usan el proceso de ahumar la carne, y otros usan el proceso de salarla para que se seque rápidamente. **Beneficios:** no pesa casi, son fáciles de almacenar, es relativamente sencillo hacerlas. **Contra:** lleva mucho tiempo en hacerse. Se requiere de una técnica para la limpieza de las carnes con el fin de que la carne no se descomponga y se dañe.

◻ **Envasado al vacío:** Una de las mejores cosas que ha pasado en los últimos años es que los prepper o survivalistas han empezado a crecer increíblemente en adeptos, es por ello que los productos para mantener los alimentos han crecido proporcionalmente. Ahora hay sobres que permiten retirar todo el oxígeno de un recipiente, por lo que al ponerlo en un recipiente bien cerrado consumirá todo el oxígeno previniendo que crezcan cualquier bacteria y por consiguiente se descompone la comida. También han proliferado las máquinas que extraen el oxígeno das bolsas y envases. Harinas, arroces, cereales y pastas, son los más comunes en esta sección. **Beneficios**: Se puede almacenar grandes cantidades de comida, no se requiere muchos materiales ni tiempo, no requiere supervisión, los envases pueden ser de plástico u otro material. Pueden ser almacenados entre 25 y 30 años si no se abre el sello de seguridad. **Contras**: Puede que los envases sean muy grandes y pesados aprovechando la capacidad de los productos ahora. No son muchas las opciones que existen, el costo es marginal.

☐ **Barras de sobrevivencia**: Los que han navegado alguna vez en alta mar quizás se han conseguido entre el equipo de supervivencia que tiene el bote un paquete bien compacto, duro, cuadrado, claramente envasado al vacío, que le llaman ración de emergencia y dice tener 3600 calorías. Resulta ser que estas son las barras de sobrevivencia, y consisten en una galleta comprimida, con una textura parecida a una galleta de mantequilla, bien compacta. Hoy en dia vienen en sabores variados como vainilla, chocolate, fresa y otros. **Beneficios**: Vienen sellados completamente por lo que resisten el agua, su sabor es bastante agradable, tienen alto contenido calórico, algunas hasta 3600 calorías, Su costo promedio es de apenas unos cuantos dólares. **Contras**: Son pesadas, ocupan mucho espacio comparadas quizás con los MRE, el sabor puede ser repulsivo a largo plazo para unos cuantos días son excelente.

☐ **Otros alimentos de survivalistas**: Seguramente ha escuchado comentarios sobre alimentos milagrosos para los survivalistas, y la realidad es que si son muy buenos algunos de ellos, pero no se deje engañar, comerlos por 12 meses sería casi imposible. Para emergencias cortas pueden ser de gran ayuda. La Crema de Cacahuetes, o mantequilla de maní es uno de esos alimentos milagrosos, ya que una sola cucharada puede tener hasta 200 calorías. Otro alimento especial es la miel, que no solo es excelente para mantener activo, sino que tiene otras propiedades antibacteriales y hasta se comenta que de antibióticos naturales. El aceite de Oliva era usado por el ejército romano antes de empezar sus largas caminatas, ya que da una de las mayores cantidades calóricas por cucharada. El Chocolate también está en éste grupo, no solo por su cantidad calórica sino que además se ha demostrado que sube el ánimo de la persona. Hablar de Beneficios o Contras de estos alimentos es complicado porque son múltiples, barras energéticas, frutos secos, galletas, caramelos e inclusive bebidas energéticas. Pero cuidado, en la mayoría de los casos, estos alimentos le provocan mucha sed, así que si está pensando comerlos prepare una buena de jarra de agua potable.

VII.- ORDEN CRONOLÓGICO DE LAS COSAS

Prepárese en orden, para eso hemos descrito cada uno de los pasos con detalle, uno de los errores más comunes de los preppers o survivalistas es que no ordenan sus ideas y sus prioridades, algunos preparan todo en el refugio y cuando llega la catástrofe no tienen el equipo básico para llegar ni siquiera a la base. Si usted sigue ese orden, aumentará las probabilidades de supervivencia en cada etapa que logre.

1. Mini Equipo: algunos survivalistas los ponen en latas de mentas, otros utilizan algunos preparados como el de SOG(r) o el de ZRTL Un Equipo como está puede ayudarle en caso de emergencias puntuales. De hecho, después del evento, recomendamos que siempre está a su lado, más que nunca. Las pequeñas emergencias son más comunes en tiempos de desastres, y no solo son las emergencias, puede que tenga que cerrar una puerta y use un tie rap, o tenga a alguien con fiebre y use un termómetro, alguien con una cortada, inclusive la más mínima cortada en la mano debe ser tratada en tiempos de crisis.
2. Equipo Básico para regreso a la base. Ver Anexo 1
3. Equipo Avanzado para regreso al refugio.
4. Equipo Completo en el refugio. Ver Anexo 9

VIII.- LAS 10 C'S

Los norteamericanos son uno de los grupos más activos en lo que survivalismo se refiere, es por ello que inicialmente prepararon una lista de 5 cosas esenciales que consideraban para sobrevivir. Pero la lista empezó a crecer y terminó convirtiéndose en una lista de 10 C's, Dave Canterbury es considerado el creador de esta lista, y honestamente es una de las eminencias en el tema, si alguno de los lectores algun dia planea hacer un curso de supervivencia a la intemperie quizás no exista mejor lugar para hacer que con su academia Pathfinder School, es lo más cercano a un entrenamiento de supervivencia militar que he podido conseguir para un civil.

Lo importante de esto es que si entendemos porque estas cosas están en la lista tendremos el camino ganado. La razón principal por la cual estas cosas están en la lista es porque el tiempo y la energia que se tendria que invertir para realizar con crear una de estas cosas en la naturaleza sería inversamente proporcional a los resultados que se obtendrán. Y recuerden que en momentos de supervivencia, la energía de su cuerpo en momentos de survivalismo está en tiempos de ahorro, si usted la gasta en algo para lo cual se pudo preparar estará simplemente reconociendo que no era un survivalista o prepper.

Casi todas las 10 C's se pueden duplicar en la naturaleza, pero la calidad, la duración, la resistencia y en términos generales la confiabilidad en el producto creado siempre serán menores en uno prefabricado. Nótese que en as 10 C's no se agregan "armas de fuego" ni comida, cosas que siempre he considerado básicos para la supervivencia, en este caso, se basan más en cosas con las cuales usted podría crear armas, usted podría cazar un animal, en pocas palabras, usted tendría la capacidad de sobrevivir en el más básico terminó, sin necesidad de invertir más calorías de las necesarias. Dado que fueron pensadas en Estados Unidos, se les puso palabras en inglés que empiezan por C para que fuera fácil de recordar. Si su equipo básico tiene estas 10 herramientas o cosas usted tiene muchas probabilidades de tener los utensilios necesarios para sobrevivir. Ver anexo 13.

▫ **Cutting Tool o herramienta de corte**: Siempre está en la lista de primero, porque cortando se pueden hacer muchísimas cosas, y muchos detractores de esta teoría podría decir que un cuchillo se puede hacer desde una piedra, o desde un hueso, y es cierto, pero ¿para qué tener que buscar la piedra correcta para fabricar un cuchillo cuando ya se puede tener una herramienta tan avanzada como los cuchillos modernos, que mantienen el filo, y son sumamente resistentes?

▫ **Combustión o Como hacer fuego**: En ingles y espanol se dice igual, y muchos pueden identificar la necesidad de esto en nuestro equipo básico. Para cocinar o para calentar su cuerpo el fuego la forma como hacer una chispa puede cambiar todo. En este caso pudier ser un simple encendedor aunque lo más común entre los survivalistas es tener una barra de ferrocerio[9] para hacer chispas. Siempre hemos visto la posibilidad de hacer fuego con dos piedras o frotando una madera contra otra, pero solo los que lo han intentado saben el tiempo que esto puede consumir.

▫ **Cover o cubierta**: En momentos de emergencia una de las primeras cosas que se debe hacer es cubrirse de la intemperie, se estima que en situaciones extremas un humano puede sobrevivir apenas de 3 a 30 minutos. Razón por la cual construir una cubierta en un momento extremo

---

[9] El Ferrocerio es un material metálico hecho por el hombre que produce chispas que pueden rondar entre 3000 a 5000 grados F. Al ser puesto en contacto con un metal corrugado, este desprende partículas metálicas pequeñas que se queman en el instante. No debe ser confundido con el magnesio. Algunos fabricantes han configurado una mezcla de ferrocerio con magnesio para que se puedan desprender algunas partículas de magnesio y luego encenderse con el ferrocerio

podría ser mala idea. Los lectores seguramente saben como hacer un refugio con elementos de la naturaleza, el problema es que quizás no tenga tiempo para hacerlo, es por ello que tener un poncho, un manta plastica, inclusive una bolsa grande de basura, usted podría ahorrar mucho tiempo y energía.

□ **Container o cantimplora**: En una emergencia hidratarse es lo más importante, a pesar de que una persona puede sobrevivir hasta 3 semanas sin comer, solo podrá sobrevivir 3 días sin agua. Es por eso que tener un contenedor de agua es esencial. Claro que usted puede en la supervivencia urbana conseguir un crecimiento en casi cualquier lado, cualquier botella vacía servira, pero siempre más se aleje de las zonas urbanas más difícil será, y el hecho de tener uno que pueda resistir fuego para purificar el agua es ideal.

□ **Cordage, cordones o cuerdas**: Imaginense buscar en la naturaleza lianas de un árbol y amarrarlas en forma de trenza para poder tener de alguna manera una cuerda con la que pueda amarrar algo, ahora imágenes, simplemente sacar de su bolso de supervivencia un rollo de cuerda paracord 550. ¿Tendría sentido hacer la cuerda cuando ya en un pequeño paquete podemos tener 550 libras de resistencia en una cuerda? Ver anexo 3 y podrá conocer algunos de los usos del paracord.

Con esto concluimos las primeras 5 C's que son consideradas por muchos survivalistas las 5 cosas más básicas con las que se puede conseguir sobrevivir cualquier emergencia. Si analizamos meticulosamente el uso de cada una de ellas nos damos cuenta que con ellas podemos salir adelante de cualquier evento, posteriormente le fueron agregadas 5 más para completar y hacer más cómoda la supervivencia.

□ **Candle o velas**: Muchas veces mantener iluminación en un sitio pequeño puede ser complicado, y hacer una fogata puede ser a veces hasta peligroso, es por ello que unas velas, unos palitos de neón, inclusive una linterna pueden hacer la diferencia, pero recuerde, la idea de todos estos elementos es que no ocupen mucho espacio, la idea es que les tenga en todo momento.

◻ **Compass o brújula**: En una situación de emergencia lo peor que puede suceder es perder el sentido de ubicación. Una de las cosas más comunes que suceden en cualquier emergencia es que los sitios, imágenes y referencias que tenemos para saber donde estan los puntos cardinales desaparecen. Imagenese un huracán donde se pierden todo los puntos de referencia ya que todo está destruido o bajo agua, sin una brújula usted podría estar caminando al epicentro de la tormenta, así puede pasar con cualquier emergencia.

◻ **Cotton o trapo de algodón**: Uno de los productos que produce más conform en la supervivencia es un trapo de algodon o un pañuelo de algodón, que le puede servir para mantenerse húmedo, o filtrar el agua.

◻ **Cargo Tape, teipe de plomo, o cinta metálica**: Sin necesidad de estar en emergencia cualquier sabe lo práctico que puede llegar a ser una cinta metálica, o teipe de plomo. hemos tomado algunos ejemplos de como usarlo en el anexo 7. Desde cerrar una cortada o usarlo para contener una venda en una cortada hasta reparar cualquier cosa que tenga una fisura, quizás no sea permanente pero puede ayudarle a pasar el momento de crisis.

◻ **Canvas needle o agujas de coser**: Reparar cualquier cosa en momentos de supervivencia, coser una ropa, o las botas, o calzado, inclusive coser una herida puede ser difícil si tratamos de crear una aguja en la naturaleza aunque alguna espina de pescado pueda hacer las veces, nunca será lo mismo, es por ello que esta es una de las cosas más difíciles de reproducir.

IX.- ESCOGER CORRECTAMENTE EL REFUGIO

Escoger el refugio puede ser una función realmente inquietante para muchos prepper o survivalistas, muchas veces el presupuesto es un factor determinante en la escogencia del refugio, aunque debe recordar que usted puede escoger un refugio dependiendo de la situación. Por ejemplo, si hay una situación de anarquía total, y la ley ya no aplica, lo que llaman los prepper una situación de SHTF[10] usted podría tener pensado varios escenarios posibles donde tenga diferentes tipos de refugios que no necesariamente compro, simplemente ue planea tomarlos porque ya no existe ley y se encuentra en un escenario apocalíptico. Ahora bien, en una situación de emergencia donde aún permanece el estado de derecho, entonces usted podría planear su refugio sólo en sitios que sean de su propiedad. Quizás hacer un lista de los factores que se deben evaluar en una propiedad para que sea el refugio ante un evento o emergencia sería ideal.

☐ **Distancia**: El elemento principal para un refugio es la distancia, durante la guerra fría el gobierno norteamericano instaló una serie de refugios antinucleares donde se podría instalar el gobierno en caso de un apocalipsis nuclear, y estos estaban ubicados en el sitio donde se podría llegar fácilmente pero que fuera lo suficientemente alejado de la capital con el fin de sobrevivir el impacto y la radiación nuclear. Quizás usted se prepare para un ataque terrorista a las instalaciones o plantas nucleares cercanas a su ciudad, entonces usted su refugio deberá estar fuera de la zona de

---

[10] Sh**T Hit the Fan se refiere literalmente a cuando el excremento golpea al ventilador de aspas, podrán imaginarse que escenario tan dantesco. Lo Usan para describir cuando un escenario apocalíptico está en pie y el desorden y la anarquía se apoderan de la sociedad.

peligro. EL secreto es que esté cerca pero no lo suficiente para comprometerse. Otro ejemplo pudiera ser si su preocupación es que un huracán acabe con su casa, ciudad o estado, entonces deberá buscar un sitio alto y alejado con el fin de protegerse de inundaciones, y al estar alto proporciona resistencia al huracán y lo debilita por lo que la probabilidad de que entre con fuerza será menor. Así con cada uno de los escenarios, solo analice dos factores relacionados con la distancia: lejos suficiente para estar fuera del área de peligro y cerca suficiente para llegar a tiempo. Esto podría variar entre 15 minutos a 3 horas.

◻ **Protección y discreción**: Uno de los grandes secretos de un refugio es que solo su grupo cercano sepa dónde se encuentra, y que inclusive los mismos vecinos del refugio no sepan siquiera que allí es donde se planea pasar los días si algo sucede. Además, debemos tener en cuenta que el factor de protección es importante, por lo que mientras más difícil sea acceder a él, y pueda alejar a sus enemigos de manera fácil y segura será mucho mejor para usted y su grupo.

◻ **Agua y los recursos**: Un refugio en el desierto del sahara tendría mucho sentido por el factor de protección, ya que pocas personas se atreverían a entrar en el desierto para sobrevivir. Pero va en contra de los otros principios de supervivencia, ya que el agua es el factor principal con el que usted se debe mover pensando en survivalismo.

◻ **Sustentable**: Aunque tendremos un capítulo completo para este tema, la sustentabilidad es importante en la escogencia del refugio ya que debemos pensar en el corto (la llegada), mediano (la estadía inicial) y Largo plazo (después que pasen los primeros meses) . ¿Existe la posibilidad entonces de usted pueda producir sus propios alimentos en el refugio sin depender de terceros?

◻ **Aspectos esenciales basados en leyes e impuestos**: Escoger un refugio es algo delicado, y no debe ser tomado en vano, es por ello que debemos analizar también las leyes locales, ya que si queremos por ejemplo construir algo debajo de la tierra, deberemos pedir permiso para eso. Si queremos vivir desconectado de la red, deberemos pedir permiso y en algunos estados eso está prohibido. Además, si la tierra no va a ser explotada, puede que el gobierno local la peche y cargue impuestos extras por ser una tierra baldía o solo de uso recreacional privada.

☐ **Futuras emergencias**: Tomemos por ejemplo que usted vive en una zona que puede ser azotada por huracanes, y decide ubicar su refugio en otra zona alejada, pero resulta que en esa zona hay una temporada activa de tornados todos los años. Si por alguna razón cuando usted se está mudando de su base al refugio podría pasar un mal rato si se encuentra con otra tragedia inesperada que pudo evitar escogiendo su refugio en un lugar más seguro.

☐ **Servicios públicos de emergencias**: Si bien es cierto que la idea de ser un prepper es que tenga autonomía hasta en los peores casos, existen momentos donde usted no podrá resolver una emergencia médica y es allí donde puede usted ponerse al filo de la muerte si escoge el lugar equivocado. Cuando busque el lugar adecuado siempre tome en cuenta, hospitales, centros de emergencias, bomberos, policía, y fuerzas militares en la zona, de esta manera usted sabrá que tan cerca o lejos puede estar la ayuda en el peor de los escenarios posibles. Recuerde que no todos los escenarios son post apocalípticos, un huracán, un tornado, o un terremoto no va a destruir una nación, pero si puede poner en peligro a los suyos, así que tener en cuenta donde se encuentran los servicios públicos más cercanos será de gran ayuda.

☐ **Vías de acceso**: Algunos preppers han escogido un lugar tan inhóspito para su refugio que solo se puede llegar escalando con equipo profesional. Ahora bien, imagínense que el o uno de los suyos se encuentra herido y no le es posible hacerlo. Es por ello que las medidas de seguridad se deben tomar en cuenta pero no ser tan estricto que vaya en contra de su propia supervivencia. Trate de que su refugio tenga al menos dos vías de acceso, si bien es cierto serán dos puntos que luego tendrá que asegurar, también lo es que siempre es mejor tener una salida de emergencia en caso de que su refugio se vea comprometido

☐ **Crimen y violencia en la zona**: Por último aunque no menos importante está uno de los factores más preocupantes, ya que en un escenario de anarquía temporal o total los criminales hará de las suyas y usted podria ser victima de ellos mucho antes de llegar a su refugio. Por otro lado, si el nivel de violencia en la zona es muy alto, la protección del refugio será igualmente proporcional, y en muchos casos no tendría sentido..

X.- ¿QUE PASA CUANDO NO TENGO LA POSIBILIDAD DE PREPARAR UN REFUGIO PROPIO?

Claro que tener una segunda propiedad no es fácil y muchos survivalistas no tienen ni siquiera la primera propiedad, por lo que debemos suponer que muchos de nuestros lectores no tendrán la capacidad económica para adquirir la propiedad que desean como refugio, entonces para ellos ¿cual puede ser la salida? Hemos identificado algunas posibilidades:

▢ **Use la propiedad de un amigo:** Es común hoy en dia que los preppers hacen sociedades en las cuales en caso de que algo suceda puedan llevar a cabo su plan en grupo, dos o varias familias se asocian y forman un grupo de defensa en caso de cualquier emergencia, de hecho esta es una de las estrategias más inteligentes. Ahora bien en este caso debe de tomar en cuenta varias cosas:

1. Póngase de acuerdo con tiempo de cuál será el procedimiento de llegada. En casos de emergencia las personas que cuidan un refugio no sabrán distinguir entre amigos y enemigos a simple vista, por lo que es mejor tener un plan establecido para su llegada.
2. Tenga su plan claro desde el principio, no avise que llegará con 3 familiares y el dia de la emergencia llegue con 4, esto podría ocasionar una ruptura inmediata o posterior de las relaciones. Recuerde que si se planificó para 3 personas en el refugio y usted dijo que llevaría 3, al llevar 1 más está bajando los recuerdos en más de un 16% y eso a ningún survivalista le agrada.
3. Los detalles sin avisar pueden ser mal interpretados, digamos entonces que usted llega efectivamente con los 3 familiares que

dijo, pero llega con un perro y un gato, está pequeño detalle no estaba claro desde el principio y puede enervar a cualquiera.

4. Ocúpese de sus reservas, estamos claros que no puede costear un refugio pero al menos encargarse de mandar suministros suficientes para su grupo, no espere llegar al refugio sin nada, lo más seguro es que no sea bienvenido.

5. Recuerde que ahora usted no es el que manda, siendo el refugio de otras personas, tenga claro cuáles serán las reglas desde el principio, si es posible por escrito, aunque en momento de emergencia no se estima que los tribunales resuelvan sus desavenencias, las cosas por escrito solventaron malos entendidos en el futuro.

6. De acuerdo a las habilidades de cada miembro en su grupo, proponga sus nuevas actividades en el refugio, y téngalo claro desde el principio, en momentos de emergencia no se quiere holgazanes..

7. Por último, llegamos al tema de siempre, la confidencialidad, lo que menos quiere es que vecinos y amigos se aparezcan en el refugio buscándole a usted, mucho menos cuando no es el dueño, esto podría en riesgo a su anfitrión y a usted.

□ **Un refugio móvil**: Dado que es más económico un refugio móvil, lo ideal sería que usted sí pueda costear algo así. Para ello solo debe tener en cuenta las siguientes características:

1. Poderse armar o desarmar rápidamente. No quiere decir que se desarme totalmente, sino que pueda estar listo para movilizarse rápidamente. En algunas casas rodantes, una vez que se recogen los anexos que trae, usted en pocos minutos puede volver a la carretera.

2. Ser capaz de almacenar todo su equipo y suministros.

3. Ser seguro.

4. Ser fácil de trasladar o manejar.

5. Identificar cuál será el uso del refugio móvil, será solo para dormir, protección, almacen, taller de trabajo para construir, solo para movilizarse. En todo caso, deberá tenerlo claro para que la inversión en el equipo móvil sea la correcta. Para conocer algunas

características que debe tener en un equipo móvil es mejor ir a los anexos. Ver Anexo 12

6. Hay algunos contenedores que se venden el mercado que son desarmables, y que pueden servir para un refugio removible y seguro. En muchos casos se pueden armar y desarmar entre 30 minutos y 2 horas.

▢ **Un refugio bajo tierra**: Si no es necesario que usted abandone su base, pero si que tenga una protección importante, una idea que ronda muchos de los preppers o survivalistas es un refugio bajo tierra. Y lo podemos tener en nuestro propio jardín o debajo del garaje de nuestra casa. Solo debe tener en cuenta algunas cosas:

▢ **Secreto:** Su refugio subterráneo debe ser lo más secreto posible, algunos constructores traen el personal para la instalación de zonas remotas para evitar que se comprometa la seguridad del refugio.

▢ **Oculto:** La entrada de su refugio debe estar oculta, de modo tal que inclusive con personas al lado de la entrada no se imaginen que existe un refugio en esa área.

▢ **Salidas y entradas de aire:** Evidentemente todo refugio debe tener entradas y salidas de aire, igualmente se recomienda que estas estén filtradas, en el mercado existe un sistema que se le llama Filtro NBC (Nuclear, Biological and Chemical) o nuclear, Biológico y químicos. Muchos de estos filtros tienen sistema de backup con baterías y algunos van más allá y tienen sistema de filtro manual, por medio de una manilla se puede dar vueltas al filtro y así garantizar limpiar el aire por cierto tiempo, cosa que se deberá hacer en caso de que los sistemas electrónicos fallen.

▢ **Agua:** Agua almacenada o acceso de agua directa, en algunos shelter se ha logrado hasta conectar con pozos subterráneos, que garantizan el suministro de forma segura y constante, aunque esto no quiere decir que no se deba tener el agua en compartimentos, ya que en el peor de los escenarios es posible que se tenga que usar las reservas. Planifique para momentos de emergencia el uso de 3 galones de agua diario por persona. La Organización Mundial de la Salud ha creado una pirámide que nos indica la cantidad de litros de agua que una persona consume. Ver Anexo 19.

◻ **Un refugio prestado**: Aquí entramos en un dilema ético moral que debemos tener claro, cuando nos referimos a un refugio prestado, es a un lugar que no es de su propiedad ni de ninguna persona conocida que haya dado su autorización para usarlo. En términos legales es lo que llamaríamos una invasión. Si nos encontramos en un sistema de derecho, jamás le recomendamos que lo haga, ya que le traerá más problemas que soluciones, ahora bien, si la situación es anárquica y fuera del estado de derecho, las condiciones están dadas para que usted tome ese refugio por el momento que sea necesario para sobrevivir. Es importante destacar que es diferente en momentos de emergencia entrar a un sitio donde no hay personas, con el fin de sobrevivir a invadir por la fuerza otro sitio que está habitado por personas y que en consecuencia alguien resultara dañado con su acción. No obstante, en un huracán, en un escenario cataclísmico como un gran terremoto, quizás se vea en la necesidad de negociar el poder ser recibido en algún lugar que no es de su propiedad y para ello le recomendamos:

1. Antes de entrar cerciórese que no hay nadie en el lugar.
2. Si nota que alguien está habitando el lugar pero no se encuentra aún, salga y espere afuera hasta que la persona llegue, eso aumentará su credibilidad y la confianza en la otra persona.
3. Si entra en lugar deshabitado tenga la precaución de aumentar su seguridad ya que otros podrían tratar de entrar. Inclusive el dueño podría tratar de entrar, por lo que ahora tendría que abandonarla de inmediato.
4. Prepárese para negociar con cualquier que quiera entrar a la propiedad, en un momento de emergencia es difícil controlar las emociones y la desesperación de las personas ante situaciones difíciles.

El hecho que se contemple usar un refugio que no sea de su propiedad es siempre recomendado solo para escenarios post apocalípticos, en otros escenarios podría terminar teniendo problemas con la autoridad. En escenarios post apocalípticos le recomendamos que tenga no solo 1 sino por lo menos 3 posibles refugios de esta categoría. Refugios de deberá haber visitado antes del evento apocalíptico y en los cuales deberá tener planes de como llegar y de cómo sobrevivir en ellos. En ese sentido deberá tener, tiempo de llegada, como entrar y cómo salir, con que recursos cuenta y lo más importante que seguridad tienen y que seguridad usted podrá proporcionar al llegar. Se quiere ser enfático en que usar como refugio un lugar que no es de su propiedad solo podrá ser posible en casos realmente post apocalípticos, de lo contrario, estará en problemas.

El hecho de que no pueda preparar un refugio ni siquiera móvil o de un amigo, le genera un gran inconveniente, Los suministros y equipos que usted podrá almacenar solo se limitan a los de la base y a los que pueda cargar cuando salga de la base, la fórmula de tener suministros en el refugio y así no tener que cargarlos deja de ser factible y por lo tanto, compromete sus posibilidades de supervivencia, por lo que le recomendamos piense bien cada una de las cosas que almacena y recuerda que existen pesos máximos en cada uno de los equipos.

En bibliografías que hablan de emergencia casi nunca se habla de los refugios y aunque usted no lo crea, son más importantes de lo que muchos piensan, ya que a la intemperie los humanos no podemos sobrevivir más de 3 horas en un ambiente hostil (una tormenta de nieve, una tormenta invernal, un huracán)

XI.- El Kit de primeros auxilios

Una de las cosas más importantes en un desastre es el kit de primeros auxilios. En casi todos los desastres la probabilidad de ser herido es muy alta, y alguno de las personas de su grupo podría estar en serios problemas si no se tiene el Kit para atender cualquier a de sus problemas. En este tema existen muchos eruditos, una de las más reconocidas es la enfermera prepper o prepper nurse, que es una famosa video bloguera que tiene uno de los canales más visitados en este tema. Una lista básica siempre es buena tenerla y los principales antibióticos son indispensables en una emergencia.

Se estima que en la guerra civil solo el 20% de las muertes fueron productos de la batalla, el resto fueron productos de enfermedades varias, peor aún, producto de las infecciones murieron más del 50%. El peor enemigo en una emergencia es una infección, es por ello que la cantidad de antibióticos así como su uso es quizás lo más importante en la supervivencia de cualquier emergencia. Existen 9 tipos principales de antibióticos en el mercado que son los básicos:

1. **Penicilinas**: Principalmente usada para enfermedades como neumonía, escarlatina, infecciones de oído y de garganta.
2. **Ampicilina**: Es un tipo de penicilina que mata más clases de bacterias que la penicilina.
3. **Tetraciclinas**: Se usa para infecciones relacionadas con la piel, infecciones respiratorias, de los genitales y el sistema urinario, las úlceras estomacales.
4. **Sulfonamidas**: Se usa principalmente para la prostatitis, las infecciones respiratorias, la neumonía, brucelosis, infecciones gastrointestinales, y la colitis ulcerosa.
5. **Cotrimoxazol**: Se usa principalmente para infecciones pulmonares, bronquitis, del tracto urinario, oídos e intestinales inclusive para diarreas..
6. **Estreptomicina**: Se recomienda para enfermedades graves como la tuberculosis, se puede usar para heridas profundas intestinales, incluyendo la apendicitis. Cuidado que son muy venenosas y si se usan en enfermedades leves pueden causar más daños que que la propia enfermedad.
7. **Cloranfenicol**: Se usa para enfermedades graves que ponen en riesgo la vida como la tifoidea. No usar en niños.
8. **Eritromicina**: Se recomienda para personas que son alérgicas a la penicilina.
9. **Cefalosporinas**: septicemia, neumonía, meningitis, infecciones vía biliar, peritonitis e infecciones urinarias.

NOTA IMPORTANTE: el uso de antibióticos es sumamente peligroso y en algunos casos es mortal. No se recomienda automedicarse y su uso debe ser facultado. Esta información sólo se recomienda en un evento donde no sea posible atención médica facultativa y por emergencia se vea obligado a recurrir a esta información.

Entre los principales elementos que se recomiendan para su equipo de primeros auxilios están:

Elementos básicos:

- Teipe o cinta adhesiva.
- Mariposas de vendajes
- Protector de ojo.
- Paquete enfriador.
- Guantes quirúrgicos.
- Lubricante como gelatina de petróleo.
- Pasadores de seguridad.
- Jabón para operar.
- Solución antiséptica.
- Termómetro.
- Jeringas.
- Gasa elastica para vendaje.
- Vendajes en varios tamaños
- Vendaje triangular.
- Algodones.
- Teipe o cinta para ductos.
- Bolsas plasticas (varios tamaños).
- Tijeras quirúrgicas.
- Antibióticos en crema.
- Solución para lavar los ojos.
- Sistema para limpiar una herida por succión
- Manual de primeros auxilios.

Medicamentos

- Aloe Vera.
- Anti Diarrea.
- Loción de calamina.
- Laxante.

☐ Antiácido.

☐ Antihistamínico.

☐ Analgesico.

☐ Crema de hidrocortisona.

☐ Jarabe o pastillas contra la tos y el resfrío..

☐ Medicamentos personales .

Artículos de emergencia

☐ Libreta con datos de contactos de emergencia.

☐ Historias médicas de cada uno de los miembros de su equipo.

☐ Linterna para operar.

☐ Fósforos a prueba de agua.

☐ Libreta a prueba de agua con lápiz para escribir especial.

☐ Sabanas de emergencia.

☐ Cargador solar para celulares.

☐ Radios.

☐ Repelente de insecto.

☐ Silbato de emergencia.

☐ Luces de emergencia.

☐ Lentes protectores o máscara protectora.

XII.- Salir de una zona urbana en un momento de emergencia

Una de las cosas más peligrosas en un momento de emergencia es la salida de la base vía al refugio, existen muchas teorías de cómo se debe salir de la zona urbana, aunque todo depende de que tan apresurado se tenga que salir. Aunque lo más importante es que usted tenga ya un plan trazado y sepa a donde ir.

El Hombre Gris

La primera de las teorías es la del hombre gris, y es una de las más debatidas, por un lado plantea en su base "pasar desapercibido" por otro lado plantea salir a la merced de los demas sin ningun tipo de defensa a la mano. Según esta teoría usted debe la ropa más común posible, sin colores llamativos, sin equipos llamativos. En una multitud esta persona pasaría como otro más del montón, y eso le salvaría la vida. Segun esta teoria se aconseja usar bolsos regulares, de colores grises, marrones o negros (colores oscuros). Se usan Zapatos y ropas regulares, y los equipos y armas están guardados completamente en un morral sin ningún elemento que llame la atención, más bien parecido a un simple bolso donde se puede guardar algo de ropa. En teoría se basa en algunas en los siguientes puntos:

1. **El tamaño**: la idea es que nada de lo que usted tenga sea más grande de lo normal, eso incluye la barba, el cabello, los tatuajes, los lentes, el sombrero, el morral o bolsa.
2. **El comportamiento**: vemos a diario personas que caminan como bailando, esas personas llaman la atención, por lo que si usted tiene ademanes o hace cosas que le sacan del común denominador, entonces deberá reprimirlas para usar este plan.
3. **Movimiento**: si el grupo de personas a su alrededor van a una velocidad normal y usted empieza a correr o más bien baja la velocidad, llamara la atención.
4. **La ruta**: La idea es que conozca por donde va, donde se encuentran las posibles paradas, y que se podría encontrar en ellas. Sitios de emergencia, estaciones de policía, bomberos, hospitales, estaciones de gasolina.
5. La vestimenta: el punto prácticamente se explica por sí solo, si usa ropa llamativa tendrá problemas para pasar desapercibido.

Beneficios:
- Cuando se está alrededor de mucha gente, el pasar desapercibido puede ayudar mucho.
- Al ser gris en el grupo, inclusive si usted tiene armas o equipos, podrá seguir adelante porque no parece peligroso, ya que nadie le ve como un peligro.

Contras:
- Recuerde que pasar desapercibido es complicado, si usted está en una zona donde vive pura gente de color y usted es blanco, por más que parezca un hombre invisible, llamara la atención. Igual lo hará un moreno en una zona o en un grupo donde están puros blancos. El mismo ejemplo aplica, si usted está en una zona de cacería y todos están con equipo camuflado y usted está vestido

normalmente, llamara la atención. En pocas palabras, es muy difícil ser el hombre gris, porque debe tener la posibilidad de cambiar de acuerdo a su medio ambiente, en pocas palabras ser un camaleón.

- La idea de pasar desapercibido le elimina la posibilidad de cargar muchas cosas con usted, ya que llamaria la atencion.
- También le quita la posibilidad de actuar rápidamente ante el peligro, si necesita una cuerda o un cuchillo en un momento de emergencia, el hecho de tenerlos escondidos le quitara tiempo precioso.

El niño o el tonto

Otra de las teorías para movilizarse en las masas en un momento de emergencia es la de parecer un tonto o un niño. De esa manera usted será visto como un personas que no representa peligro y en consecuencia podrá deambular sin ninguna consecuencia.

Contras:
- Siempre han existido personas que se quieren aprovechar de los más débiles, y aunque usted no lo sea, el solo parecerlo le puede poner en riesgo.
- Para parecer inofensivo tendrá que comprometer su velocidad de respuesta ante una emergencia.

Táctico

Muchos prepper o survivalistas están listos para salir armados hasta los dientes, con un equipo especializado de guerra y con todos los gadget y posibles armas que se han podido acumular. Algunos hasta han creado un uniforme especial para su grupo, y han llegado al extremo de crear inclusive emblemas, me puedo incluir en ese grupo. Pero vertir de esta manera puede traer más contras que beneficios.

Beneficios:
- Estar listo para cualquier evento de inmediato.

- Tener todo lo que necesita a la mano.
- Su nivel de defensa estará al máximo.
- No importa la cantidad de equipo que tenga, ya que usted está preparado para lo que sea.

Contras

- Llamará la atención a donde vaya. si su equipo es grande será peor.
- Los amigos de lo ajeno querrán poseer lo que pudiera tener, por lo que creará de gratis más enemigos sin ninguna necesidad.
- Mucho equipo puede comprometer su velocidad de respuesta y su capacidad de carga.
- Mientras más equipo tenga más tardará en llegar al refugio.
- El hecho de estar vestido y equipado en forma táctica le convierte en una amenaza inclusive para las autoridades, que lo verán como un peligro en potencia, esto le pone en desventaja ya que tendrá dos enemigos...Los buenos y los malos.
- Sin saberlo puedo estar infringiendo la ley, en un escenario de posible anarquía, aun no es seguro que usted pueda hacer lo que quiera, y es mejor seguir la ley hasta que se está seguro que no existe.

<u>Salida nocturna</u>

En la supervivencia a lo largo de la historia la noche siempre ha sido un aliado y un gran enemigo. La oscuridad de la noche es en muchos casos el mejor aliado para alguien que quiere pasar desapercibido, Mucho más cuando se está huyendo de una zona de peligro. En la noche lo que puede ser beneficioso también puede ser un peligro, por ejemplo: en una noche clara de luna llena usted podrá caminar con tranquilidad ya que podrá ver cualquier obstáculo fácilmente sin tener que usar una linterna que le delate en la oscuridad. El problema es que sus enemigos, esas personas que solo quieren su equipo y sus suministros, le podrá ver fácilmente debido a la claridad. Es por ello que se recomienda:

- Caminar en formación de columnas, de esa manera existe la posibilidad que se le vea como una sola persona y no como un grupo.
- Evitar caminar en las colinas, ya que la luz creará una forma que

será fácil de distinguir la silueta en la oscuridad.

- Usar ropa oscura.
- Tratar de cubrir la cara ya que podría reflejar la luz y ser fácil de detectar, se recomienda para ese caso usar pintura no reflectante.
- Haga paradas periódicas para revisar los alrededores.

XIII.- El Caché, escondite o caleta.

Una de las cosas que con la práctica uno se da cuenta es que la carga es importante en un momento de emergencia, y uno de los errores más comunes de los survivalistas es sobrecargar nuestros equipos, para los que han practicado su salida de la base al refugio, es claro que la carga inicialmente no afecta, pero después de algunas millas de caminata puede hacer estragos. Es por ello que la mejor manera de solventar el problema es con escondites. Lugares donde usted pueda guardar de forma segura algunas cosas que puedan ayudarle a no tener tanta carga. Se enumera algunas de las cosas que se recomienda:

1. **Agua**, especialmente esa que está en bolsas preempacada, que tiene larga duración. Esta agua es especial, porque se usará mientras usted está en la vía a su refugio. Al menos 3 litros por persona en su grupo.
2. **Barras energéticas**. Son perfectas para energía, recuerde que necesitará carbohidratos para la energía que quemara en la vía al refugio y proteínas para sus músculos.
3. Algo de **comida** deshidratada (24 horas mínimo por persona en su grupo).
4. Un **cuchillo**. Preferiblemente de hoja fija.
5. **Municiones**. Al menos 500 del calibre que ha decidido usar. y al menos 10 de unos 4 diferentes calibres, en caso de que se consiga un arma diferente en el camino.
6. **Licor, Café o cigarrillos** (no para que los consuma usted, sino para intercambiarlos con alguien que lo necesite, en momentos de emergencia estos pueden costar más que comida o municiones)
7. Artículos de **primeros auxilios**.
8. **Antibióticos.**
9. Algunas **herramientas**. al menos una multiherramienta.

10. **Paracord**.
11. **Papel toilet**.
12. **Cepillo** de dientes, **jabón** y **pasta de dientes**.
13. **Bolsas** de supermercado.
14. Bolsas de cerramiento, sándwich o emparedados.
15. **Monedas** de plata u oro.
16. **Billetes** de su moneda local, aunque siempre se habla de un evento apocalíptico, puede que el evento sea catastrófico y solo necesite resistir y sobrevivir hasta que el gobierno tome de nuevo control de la situación, y para ello el dinero en efectivo puede ayudar, recuerde que en una emergencia, las tarjetas de crédito y los cajeros automáticos no funcionan.
17. **Armas de fuego** (algunos recomiendan esto en cada uno de sus escondites, no obstante, es un tema delicado, ya que esa arma estaba registrada a su nombre y si por alguna razón otra persona la encuentra usted podría meterse en problemas, recuerde siempre estar con la ley, lo que menos desea en un momento de emergencia es tener problemas con la ley)
18. Una bolsa, **mochila o morral** resistente y cómoda para cargar todo lo que tiene. Puede que usted llegue al escondite sin nada, y tenga que tomar todo y llevarlo al siguiente punto.

La idea de todo esto es que usted tenga estas cajas herméticas enterradas o escondidas cada 5 millas o 8 kilómetros. Aunque usted pueda caminar hasta 20 millas en un dia si se encuentra en buen estado físico, la idea es que pueda parar cada 5 millas y hacer un reposo y seguir. Esto le dará tiempo de hidratarse, comer y revisar su equipo, así como la posibilidad de analizar la situación y cómo ha evolucionado el estado de emergencia. Estas características son fundamentales para que usted escoja el lugar donde guardará estos productos.

1. Mientras más alto está el lugar mejor, le permitirá ver los alrededores mientras hace su parada de mantenimiento.
2. Protección es importante, un escondite a la intemperie, sin nada que le proteja le pone en gran riesgo, recuerde que podrían haber más personas a su alrededor sin suministros (obviamente no prepper) y que al verle podrían tratar de hacerle daño solo por los

suministros.

3. Camuflaje es esencial aquí, mientras más escondido y lejos de los malhechores está su escondite podrá tener la seguridad que el tiempo de extracción, acondicionamiento y análisis de la situación será más placentero.

Si va a guardar cosas metálicas le recomendamos que les ponga grasa para protegerlo del óxido, por más cerrado que está el equipo siempre tendrá algo de humedad propia del suelo que podría pasar y hacer que los equipos se oxiden. Otra recomendación que es importante es revisar el caché cada dos años máximo, para verificar que todo está bien. Existen unos sobrecitos que eliminan el oxígeno en el compartimiento (no es el extractor de aire que empaca al vacío, es un sobre con un químico que elimina el oxígeno), también unos que eliminan la humedad, si meten eso en el compartimiento podrán garantizar mejor el estado de los productos dentro.

XIV.- ¿Cuando es suficiente?

Uno de los principales problemas que enfrentan los survivalistas es que no saben medir cuando es suficiente. La idea de estar preparado es una obsesión para cada uno de los preppers, y en ese sentido es muy difícil entender dónde está la raya entre la acumulacion desmedida y la acumulacion justa.

Artículos de primera necesidad: lo ideal en este tema es que usted tenga los suficiente para 12 meses de sus productos de primera necesidad, agua, comida, y defensa básica.

1. Almacenar 12 meses de agua para una persona representaría 1825 galones de agua, eso sería realmente absurdo. Pero si se debe garantizar el suministro del agua al menos de 3 formas diferentes, donde la almacenada sea al menos un 20%, luego la fuente principal un 60% y una reserva de al menos otros sistema de recolección de agua que representa un 20% del agua que necesita. Entre las fuentes principales que podemos conseguir son los

receptores de agua de lluvia, los filtros de agua de manantiales u otras fuentes de agua natural, y por supuesto el agua almacenada para emergencia. Lo ideal es que el agua almacenada utilice de primero, para sea renovada con la que llega de las otras fuentes de recolección, de esa manera se garantiza. Aunque lo más importante es que debe tener en cuenta, dónde está el agua ¿la base, los caché o el refugio?

2. La comida normalmente será almacenada desde el principio en la base y en el refugio, normalmente se estima que se debe tener 30 días de comida en la base y el resto en su refugio. Es importante destacar que la comida que tendrá en la base, durante el camino al refugio y en el refugio pueden ser diferentes. Por ejemplo, En la base pueden ser comidas deshidratadas que tienen alta duración, y algunos enlatados, durante el traslado necesita comidas que sean rápidas de preparar como los MRE o las comidas deshidratadas que vienen listas para servir, y en el refugio podría tener todo tipo de comida que tenga alta duración. Lo más importante de el almacenamiento de la comida es que sea rotada y que se consuma primero la más vieja, y se deje la más nueva al final. EL problema con esto es que cuando se almacena la comida normalmente no se lleva el control de el tiempo de la compra y el tiempo de vencimiento, para ello aconsejamos escribir con marcadores las fechas de vencimiento en sitios visibles para que se pueden ordenar fácilmente. Aunque puede ser agotador rotar la comida, la teoría dice que cada vez que entra algo nuevo debe entonces ponerse al final. Algunos métodos interesantes para el almacenamiento de la comida, es tener un lugar por donde entra y uno por donde sale, de esa manera lo que sale es lo más viejo que se guardó.

3. La defensa básica: cuando hablamos de defensa básica es justamente esa defensa que debe tener suministros como las armas de fuego, los arcos, o las ballestas, inclusive las resorteras, gomeras o chinas. En tal sentido se necesita un grupo de municiones suficientes para cada una de las armas que posea. Tome en cuenta que dependiendo de lo grave de la situación puede necesitar más o menos municiones. Por ejemplo, si un evento inutiliza su ciudad, seguramente tenga que defenderse de maleantes y saqueadores,

pero estos en el peor de los casos estarán en la misma situación que usted, por lo que la cantidad de municiones es mediana, ahora bien, si la situación es post apocalíptica, las cosas cambian y cada munición tendrá un valor igual a su vida.

Artículos de soporte: En la mayoría de los casos el resto de los artículos de su equipo de supervivencia son de soporte, por lo que debe organizar cuales le pueden servir en la base, en el camino al refugio y en el refugio. Recuerde siempre que el trayecto al refugio es el más delicado, y depende de la carga que tenga, es por ello que nunca debe sobrecargar su equipo con artículos de soporte sino son necesarios, un ejemplo común es alguien que pone trampas para animales en una zona densamente poblada, o un equipo de pesca en el desierto, también es común abrigos en zonas que no son necesarios. En éste aspecto, lo más importante es adaptarse a cada área y tener lo que realmente va a usar en cada una de sus etapas de supervivencia. Tome en cuenta que también se puede ayudar con los caches, escondites o caletas.

Así como el prepper se pregunta cuándo es suficiente, también se debe preguntar cómo empezar, y esto tormenta a muchos survivalistas amateur, ya que ven programas de televisión, páginas web, videos en línea, donde los survivalistas tienen bunkers, grandes cantidades de comida y armas, muchas armas y municiones suficientes para acabar con la mitad de los habitantes de su ciudad. La realidad es que esos son preppers extremos, que ya tienen tiempo y que han invertido mucho dinero en esto. Una vez escuche a un prepper decir una frase mágica "un dia a la vez". Planifique emergencias pequeñas primero veamos algunos ejemplos:

Ejemplo #1: Miguel vive en Chile, su mayor preocupación son los terremotos, es por ello que se ha preparado poco a poco para ello, pero ¿Cómo empezó Miguel? Lo primero que hizo fue analizar cuales son las consecuencias iniciales de un terremoto y las enumero:

1. Inicialmente un terremoto genera muchas personas heridas por los daños ocasionados a la estructura y lo que está en las propiedades. En consecuencia preparó un equipo de primera para trauma(fracturas) y cortaduras.

2. En los terremotos una de las visiones más comunes es ver a una persona en los escombros que paso 24 y hasta 48 horas enterrados. Para esto Miguel se ideó un pequeño equipo que siempre está con él en su cintura, está equipo tiene dos barras de energía y dos bolsas de agua, además de una herramienta multiuso, un tubo o manguera de los que se usan en los acuarium, y algunos materiales básicos de primeros auxilios. Además incluyo unas 6 pastillas de proteínas, y unos caramelos de azúcar y quizás lo más importante, un silbato y un espejo para señales. Todo está equipo lo lleva Miguel en su cinturón como el mini equipo de supervivencia del ZRTL que está en el anexo 1. Éste equipo no solo le sirve si queda atrapado en los escombros, también le sirve si queda atrapado en un ascensor o en otro lugar, no necesariamente en la peor de las situaciones. Imagínese usted en un apagón de más de 24 horas en un ascensor…

3. Después de un terremoto es muy difícil proveer de servicios de luz en corto tiempo, muchas veces por seguridad ya que pueden haber tendidos eléctricos en el piso que si están activos pueden hacerle daño a las personas. Por lo tanto, Miguel tiene un horno solar, unas lámparas de kerosene, un cargador solar para celular y para baterías.

4. Basándose en que su casa está construida de forma segura, miguel estima que no sufrirá muchos daños, pero sabe que la infraestructura de su ciudad Santiago podría sufrir enormemente, entonces ha preparado agua y comida para 15 días para el y su esposa Maria.

5. Por último, Miguel ha desarrollado con su esposa María un plan de contacto que incluye señas y sonidos con los silbatos para indicar si están bien, medianamente heridos o gravemente heridos en caso de que pase algo. También tres lugares donde encontrarse en caso de que suceda algo. Además han dispuesto un pequeño depósito en un lugar alejado de la casa, con el fin de que si necesitan ropa o alguno de los utensilios diarios puedan buscarlos allí.

Miguel no está preparado para el apocalipsis zombie, ni para una guerra civil, pero ciertamente tiene grandes probabilidades de sobrevivir después de un terremoto.

Ejemplo #2: En el 2009 Paco estaba pasando una noche en un hotel en Málaga España, cuando aproximadamente a las 21:25 empezó a escuchar un sonido devastador, Paco junto a su esposa Elizabeth fueron testigos del tornado más devastador en la historia de España en 150 años. Producto de esto Paco tomó las siguientes medidas:

1. Al ver la destrucción rápida que hizo el tornado paco sabe que necesitará un buen equipo de primeros auxilios, en éste caso se preocupa mucho por los golpes y cortadas, ya que hay muchos elementos volando en el medio ambiente que pueden hacer daño.
2. Paco mandó a construir un pequeño refugio anti tornado en el sótano de su casa.
3. En el refugio almacenó agua y comida para 3 días ya que sabe que los daños pueden ser enormes, pero son muy locales y que seguramente en 3 días las autoridades ya tendrán el control de la situación.
4. Como última medida, Paco tomó una caja fuerte donde pone todos sus documentos importantes como el seguro de la casa y su documentación personal incluyendo su pasaporte, su DNI (Documento Nacional de Identificación) y su libro de familia (Este documento no se usa ya desde el año 2010)

Paco quizás no está preparado para una invasión enemiga del país, pero después de un tornado o una gran tormenta, Paco tienen altas posibilidades de sobrevivir.

Ejemplo #3: José Luis y Maria Guadalupe trabajaban en un restaurante mexicano en una de las zonas más famosas de la ciudad de New Orleans en el 2005 cuando el huracán Katrina dejó muerte y desolación. Pero José Luis estaba preparado, como veterano de guerra de tormenta del desierto Irak, siempre supo que algo podía pasar y que tenía que estar listo.

1. La ciudad se inundó totalmente, pero José Luis tenía un plan de contingencia para eso, y tenía mucho de su equipo en el lugar más alto de la casa ¿Como pudo saber esto José Luis? New Orleans es una ciudad que está por debajo del nivel del mar, por lo que

siempre ha dependido de represas y es propensa a inundaciones, así que José Luis ya sabia que podia pasar.

2. José Luis es una persona que cree en el derecho de defenderse de los demás, y tiene unas cuantas armas, cuando los saqueadores llegaron a su edificó, el los saco a punta de balas ahuyentando al más guapo de los saqueadores, los vecinos de Juan nunca lo agradecieron.

3. Juan se quedó hasta el final. Cuando el gobierno tocó su puerta, se dieron cuenta que estaba preparado. Pero esto ocurrió 2 semanas despues del huracan, tiempo en el cual el caos, la hambruna y el hampa hicieron de las suyas en la ciudad.

4. El Agua estaba contaminada con muchas cosas, pero para juan eso no fue problema, porque tenía filtros de agua para garantizar el 99.99% de pureza.

5. No había electricidad, pero José tuvo luz todas las noches que la necesito y ya que había guardado una serie de linterna y sus lámparas de keroseno ayudaron a pasar las noches cómodamente.

6. Las horillas de gas qeu tenía para emergencias le dieron la posibilidad de comer todos los días comida caliente.

7. Aunque su casa quedó bajo el agua hasta el segundo piso, se refugió en el ático y allí con su familia pudo sobrellevar los 15 largos días de anarquía que vivió la ciudad.

8. Juan no uso su equipo de emergencias, pero si pudo ayudar a un señor mayor que se quedó sin nada, y que pasó flotando a la deriva, gracias a unos cordones de paracord y una madera que le arrojó a su paso. hoy en día este señor, nacido en New Orleans le agradece haberle salvado la vida.

Como pueden ver, cada emergencia es un mundo y usted debe conocer cuales son las posibles emergencia para cada una de ellas. Lo inesperado puede suceder pero lo esperado tiene más probabilidades de llegar a nuestras vidas en cualquier momento. En una zona de terremotos, la probabilidad de que suceda un terremoto es alta, igual en una zona de tornados de que sucedan tornados y en una zona de inundaciones las inundaciones, puede prepararse para una invasión extraterrestre, o para el apocalipsis zombie, pero la probabilidad de que un huracán pase por las costas de la Florida es mucho más cercana a estas grandes calamidades post apocalípticas. No se preocupe por lo grande, si primero no puede pasar un simple apagón. Si usted baja los interruptores de la electricidad de su casa, y aún puede sobrevivir la noche, entonces practique para una semana, y así sucesivamente. Empiece por lo más básico que es una sola noche y entonces suba en intervalos de 7 días, 1 mes, 3 meses.

XV.- Antes, durante y despúes

Se enumero las cosas que necesitamos para casi todas las emergencias y la lista es increíblemente interminable, pero seguramente muchos se preguntan ¿Cuales son las actividades antes, durante y después de un evento o emergencia? En Naufragios, Huracanes, Terremotos, Tornados, Guerras civiles, Erupciones Volcánicas, Maremotos o tsunamis. No obstante es importante destacar que en capítulos anteriores como el número V donde se habla del antes de cualquier evento y los anexos donde se hablan de el kit de primeros auxilios (ver anexo 4), o el listado de cosas que se recomiendan para sobrevivir (ver anexo 9), o el anexo 13 las famosas 10 C's de la supervivencia, son cosas que podrían repetirse una y otra vez y que en algunos casos se repetirán para confirmar como imprescindibles en los casos particulares a ese escenario.

1) <u>En un Naufragio:</u>

ANTES

▫ **Tenga agua potable**: Antes de salir en un bote, siempre prevea que tiene aunque sea un galón de agua por persona, eso le puede ayudar en caso de emergencia.

▫ **Tenga tabletas de comida**: En los botes se acostumbra tener en el equipo de supervivencia unas galletas con un alto contenido en azúcar que están selladas al vacío y son resistentes al agua, no requieren de cocina, y pueden ocupar poco espacio relativo.

▫ **Deje dicho a alguien donde estará**: Uno de los errores más comunes de toda persona que naufraga es que no deja dicho donde estima que estará. Por lo que se recomienda que deje el itinerario completo del viaje que realizará, en caso de algún problema, las búsquedas se empezaran en el lugar donde donde se presume estará.

▫ **Use el Salvavidas**: El salvavidas es el único elemento que puede salvarle de estar largo tiempo en el agua. Muchas personas piensan que no necesitan el salvavidas porque saben nadar, pero allí está el problema, en la mayoría de los naufragios hay dos características principales, la primera es que las olas son muy altas y el mar esta picado; y la segunda es que los náufragos tienen que pasar largos periodos en el agua, por lo tanto tendrán inclusive que dormir en el agua, ahora bien ¿Cuántas horas cree usted que pueda pasar sin dormir a la deriva?

▫ **Revise el motor:** La mayoría de de las personas salen en los botes sin revisar el estado de sus motores o del bote, debe tener una lista de chequeo con todos los posibles equipos y detalles que debe chequear antes de salir en bote, los aceites, las aspas del motor y demas componentes.

▫ **Mapa de navegación:** identifique a dónde se dirige y en caso de emergencia a donde debe ir.

▫ **La forma del mundo** Calcule que la vista en el horizonte se estima que es unas 12.5 millas por lo que si ya no ve la orilla de la costa significa que está alejado más de 12.5 millas, esto ocurre porque se estima que debido a la curvatura de la tierra, una vez que uno se aleja esa cantidad de millas la vista se pierde en el horizonte y por consiguiente deja de ver la cosa.

▫ **Responsabilidades:** Asigne tareas a cada quien en el bote o aeronave

▫ **Las puertas** Si es una aeronave recuerde abrir la puerta antes de amerizar, ya que el golpe puede trabarse con el golpe del aterrizaje o la presión podría no permitirle abrir la puerta, esto también puede pasar en un bote.

▫ **Revise** Comunique su localización en la radio de emergencia a la autoridad marítima del área, con su identificación, la naturaleza de la emergencia y la localización estimada.

▫ Recuerde ajustar todo en el bote o la aeronave todo lo que no está ajustado se puede convertir en un proyectil.

DURANTE

▫ **Salga primero del bote:** Nunca infle los salvavidas antes de salir del bote o aeronave.

▫ **Ajuste:** correctamente el salvavidas ya que la mayoría de la pérdida de calor proviene del cuello y la cabeza, si el salvavidas está correctamente ajustado su cuello estará protegido y la cabeza completamente fuera del agua.

▫ **Localice:** todo el equipo de supervivencia y téngalo a la mano.

▫ **La salida:** Coordine la salida del bote o aeronave en forma organizada y en el orden que se dispuesto en la práctica antes de salir.

▫ **Heridos:** Si existe algún herido ayudalo a salir.

▫ **El bote salvavidas:** El primero en salir debe ser la persona que infle el bote salvavidas si existe.

DESPUÉS

▫ **El capitán:** Una persona debe ser la que tome el control y de las órdenes en el bote, normalmente si existe un capitán del bote o aeronave será también el capital del bote salvavidas.

▫ **Inventario:** Haga un inventario de todo lo que posee en el bote salvavidas y si no lo posee, cuáles fueron los equipos con los cuales usted cuenta para el naufragio.

▫ **Mantenimiento:** Mantenga el salvavidas y el bote inflados constantemente, no deje que se desinflen.

▫ **Distribución de sobrevivientes:** Si se encuentra en un bote distribuya a los pasajeros alrededor del bote nunca en los bordes.

▫ Manténgase **cubierto** siempre.

▫ Active el **transmisor de emergencia** o también conocido como ELT (Emergency Locator Transmitter) ahora también se usa el PLT que cambia solo porque es de uso personal y en él se puede inclusive almacenar información del itinerario que estaba planeado para el viaje, y así los equipos de búsqueda tienen más información para la búsqueda y rescate.

▫ No apague el **ELT** en ningún momento ya que pueden pensar los equipos de rescate que se apago solo por accidente.

▫ Los problemas más comunes en un naufragio son el **Shock la deshidratación**, el envenenamiento por ingerir agua salada, la hipotermia que se debe a nada en aguas muy frías.

▫ Si posee un bote y tiene una esponja, evite que el bote está mojado.

▫ Se estima que de acuerdo a la temperatura del agua una persona puede sobrevivir más o menos tiempo, en tal sentido si la temperatura del agua es de:

Grados F°	Grados C°	Tiempo en sobrevivir
32	0	15 Minutos
36	2.22	30 Minutos
41	5	1 hora
50	10	3 horas
59	15	7 horas
68	20	16 horas
77	25	3 días

▫ Nunca nade para mantener la temperatura, esto más bien hará que se acelere la hipotermia en un 20% a que si usted se mantiene tranquilo y se mantiene en posición fetal.

▫ Razione su **sudor** no el agua, es mejor consumir el agua a perderla por calor o sudor.

▫ No consuma comida si no hay agua para consumirla.

▫ Casi todos los peces son consumibles, mucho más si parecen un pez normal, algunos peces por sus características deben evitarse, como los que se inflan o peces globos, los que tienen espinas externas, los que tienen mucho colorido, o peces que tengan labios grandes o gordos, todos estos peces podrían ser venenosos.

▫ No agite sus manos o los pies, podría atraer a los tiburones.

▫ No pesque si hay tiburones en el área.

▫ Aléjese de las culebras de agua y de los peces gelatina(agua malas), medusas o aguamalas.

▫ **Los desechos humanos**, así como los de peces que ha podido tomar debe ser tirados lejos del bote o lejos de usted, estos pueden traer otros peces más grandes.

▫ En el naufragio la idea no es solo sobrevivir sino ser rescatados, tenga esto siempre en mente.

2) Huracán

Los huracanes son como todos saben una de las catástrofes más devastadoras, que generan pérdidas de vida todos los años. Pero hoy en día, los sistemas de meteorología han logrado predecir con mucha exactitud el paso de los huracanes, y esto ha bajado enormemente el factor sorpresa, no obstante siempre es bueno estar preparado.

ANTES

▫ Preparar un Kit de supervivencia que sirva para al menos 3 días. (eso es lo que dicen las agencias de emergencia) la realidad es que los huracanes logran destruir la infraestructura de una zona a tal punto que es necesario al menos 15 días para que puedan reaccionar.

▫ Un galón (4 litros) de agua por persona por dia, durante el huracán las aguas se contaminan y hasta el baño personal puede ocasionar alergias y malestares si se usan aguas contaminadas. Debería tener al menos para 5 a 10 dia.

▫ Tenga a la mano sus alimentos de emergencia, enlatados, mre, alimentos de larga duración, etc.

▫ Tenga a la mano linterna, radio portátil y baterías de emergencia.

▫ Llene el tanque de su vehículo con gas

▫ Tenga un bombona de gas cargada al máximo

▫ Cargue todos los equipos que necesitan ser cargados

▫ Meta o guarde todos los documentos importantes y personales en unas bolsas para protegerlos del agua, guardarlos en un lugar seguro.

▫ Tenga una reserva de dinero en efectivo, en la mayoría de los casos no tendrán electricidad por lo que no podrán procesar tarjetas de crédito.

▫ Si necesita algún medicamento especial, tenga provisión de al menos 15 días.

▫ Guarde la mayor cantidad de agua posible en contenedores

▫ Ponga a congelar la mayor cantidad de agua posible, un truco excelente es poner el agua en bolas y guardarlas selladas en el freezer, si se va la luz, estas pueden ayudar a mantener más tiempo los alimentos congelados, y cuando ya estén por descongelarse servirán para refrescar e hidratar.

▫ Congele toda la comida posible, si se queda sin luz debe ser la prima que consuma

▫ Recoja todo posible escombro que quede fuera de su casa

▫ Tenga a la mano un radio, es la forma más fácil de mantener al día con lo que está pasando.

▫ Si es posible tenga los equipos de comunicación radios y celulares cargados antes del evento.

▫ Proteja ventanas y puertas seguras

▫ Tenga a la mano una comida que pueda disfrutar sin mucho esfuerzo para el momento del paso de la tormenta. recuerde que esos momentos son de mucha tensión, y es casi imposible ponerse a preparar comida, es recomendable preparar algunas comidas listas para disfrutar en ese momento de manera rápida, sandwich pueden ser una buena recomendación, no obstante recuerden mantenerlos en un lugar seco y en bolsas.

▫ Tome fotografías de los objetos asegurados, de la estructura y de cómo la protegió, en muchos casos el seguro al no tener prueba de que puso los shutters o protectores de ventanas trata de no pagar el mundo asegurado. Durante el Huracán Irma Septiembre 10 del 2017 muchas personas siguieron el consejo de tomar las fotografías, pero cometieron el error de dejarlas en su celular, durante la tormenta y la inundacion su telefono se mojo y perdieron todas las fotografías. En tal sentido, al tomar las fotos enviarlas por correo electrónico a usted mismo o subirlas a una nube (Google Drive®, Amazon® Cloud y otro), para que queden guardadas en un lugar seguro.

DURANTE

▫ Ya no es tiempo de buscar refugio, ahora es tiempo de resguardarse.

▫ Manténgase informado de lo que pasa en todo momento.

▫ Trate de descansar.

▫ Aproveche al máximo los recursos, por ejemplo, si puede tener las luces prendidas, enciandalas, eso puede ayudar a otros que no tienen a tener orientación. El aire acondicionado si lo necesita, pongalo al máximo, eso hará que se caliente la casa más lentamente.

▫ No se movilice por ningún motivo, solo en casos de alguna razón de emergencia.

▫ Busque el lugar más protegido de la casa para situar a usted y su familia, lo ideal es que sea un lugar con pocas ventanas o ventanas pequeñas.

▫ Tenga a la mano los suministros básicos, su bugout bag, sus documentos protegidos y sus medicinas si las necesita.

DESPUÉS

▫ Monitoree los anuncios oficiales en la radio o televisión para tomar la decisión de salir de su refugio, recuerde que los huracanes tiene un área que se llama el ojo del huracán, donde podría estar todo en calma, pero es solo un momento, es sumamente peligroso estar afuera durante el paso del ojo del huracán ya que el clima podría cambiar drásticamente en solo minutos.

▫ Si tiene mascotas, revise el estado de cada una de ellas, así como de la comida y agua.

▫ Los primeros momentos despues del huracan son muy delicados, ya que pueden existir cables sueltos en superficies mojadas, fugas de gas, cortocircuitos generales, y debilidad en estructuras, principalmente aquellas que son pergolas, toldos, techos, estructuras colgantes, es por ello que debe proceder con cautela, no use velas inicialmente.

▫ SI su casa está asegurada contra huracanes, es importante que tome fotografías de todos los daños de inmediato para proceder a reportarlos lo más pronto posible, recuerde que los seguros estarán abarrotados de reclamos.

3) Ciberataque global

Es importante recalcar que los ataques globales cibernéticos son normalmente perpetrados por grupos anarquistas, que quieren un nuevo orden global, sin controles y que a pesar de tener las herramientas para hacer lo que quieran en las redes sociales y en las computadoras del mundo, prefieren tirar todo por la borda con la idea de un nuevo comienzo, donde no existan control a las personas. en tal sentido esta tipo de ataques son difíciles de prevenir inclusive por los gobiernos, ya que son grupos anarquistas que no tienen nada que perder y que están altamente entrenados. Para los países en desarrollo, esto no tendrá un gran revés, pero los países de primer mundo prácticamente corren todo por las redes y un ataque global paraliza su economía y crearía un colapso total.

ANTES

▢ Tenga oro o plata en monedas o lingotes con el fin de poder negociar cuando haga falta comprar algunas cosas de emergencia, en los valores del 2017 un lingote de 1 oz de plata podría valer lo que vale un billete de $20. En un momento donde no servirán los cajeros, los bancos, los puntos de ventas, las personas solo les importara cosas que puedan cambiar, el dinero no tendrá valor. En momentos de desastre como el huracán Katrina de del 2005 las personas solo pudieron comprar alimentos y agua con plata oro o con bienes preciosos como relojes y joyas, la gran diferencia es que el oro y la lata tienen un valor real, que siempre es valorado al mismo precio del mercado, mientras que un reloj es circunstancial.

▢ Tenga su documentos a la mano, siempre recuerde que sus documentos deben permanecer en un lugar donde el el fuego o el agua pueda dañarlos.

▢ Tenga siempre una forma rapida de como llegar a la base, el ataque podría agarrarlo en la calle o en la oficina..

▢ Tenga un mapa local a la mano en todo caso de ciberataque global lo primero que fallará será la geolocalización.

▢ Tenga preparado un plan para evacuación de los diferentes lugares a los que frecuenta.

▢ Su equipo antes y después de cualquier desastre será el mismo que cualquier otro, vendrán tiempos difíciles, la economía podría colapsar, o podría entrar en un estado de guerra civil y esto lo pone en otro de los escenarios posibles.

DURANTE

▢ Durante el momento del ataque cibernético es importante saber identificarlo, los primeros signos serán vistos inclusive por las redes sociales, noticias absurdas, fallas generales, apagones, caídas de telefonía celular, servicios como semáforos, médicos, etc serán los primeros en ser atacados.

▢ Una vez identificado el problema, muchos estarán en caos, no sabrán cómo actuar, proceda con su plan de extracción de la zon a de peligro, regrese a la base.

DESPUÉS

▢ Inmediatamente después de un ataque cibernético global, lo primero que debe hacer es llenar una bañera de agua, los sistemas de agua pueden estar comprometidos, el último racionamiento de agua filtrada podría estar en las tuberías, solo los que puedan guardar y llenar sus bañeras podrán tener el precioso recurso, recuerde, después de este momento podría ser casi imposible recibir agua de la tubería.

▢ Empiece a consumir todo los productos perecederos, en ese orden, mientras más rápido puedan dañarse en ese orden debe empezar a comerlos, sin importar sabor o si se siente lleno o no, lo importante es salir de esos productos lo más pronto posible, use su sexto sentido para esto. y por lo que más quiera, no consuma productos putrefactos, una intoxicación podría ser peor en momentos de enfermedad.

▢ Lo más seguro es que las tiendas no funcione por computadoras, pero las tiendas de dólar siempre tienen sistemas de backup, y el hecho de tener un sistema básico de conteo les permite vender los productos en cuentas básicas de $1 en 1, proceda de inmediato a esas tiendas, antes de los saqueos, despues sera demasiado tarde.

▢ Empiece el racionamiento de agua.

▢ Empiece el racionamiento de comida.

▢ Active su plan para ir a su refugio, en este caso las cosas podrían ponerse complicadas en unos 15 a 30 días.

▢ Empiece a aplicar su plan de sostenibilidad. Es momento de pensar en la reconstrucción y empezar una vida de nuevo después del apocalipsis

4) Erupción volcánica

Una erupción volcánica es un gran evento que puede ser local, pero también global, en este caso se trataría de volcanes de gran magnitud activos pero no en momento de peligro como el famoso parque yellowstone, el cual tiene 630 mil años sin erupcionar, pero que es uno de los más grandes volcanes activos en el mundo, capaz de generar un daño apocalíptico de grandes dimensiones.

ANTES

▢ Está preparado para todas las posibles calamidades que una erupción de volcán puede traer, calor, fuego, ceniza, problemas respiratorios, problemas de visión.

▢ Una de las primeras alarmas para un volcan son los terremotos, es una alarma que debe ponerle atento sobre lo que puede venir, la gente del Vesubio tuvo una serie de temblores de aviso que pudieron prevenir lo que sucedería, Pompeya no resistió el poder destructor del volcán, pero dejó el terrorífico reporte de muerte y destrucción del momento de la erupción. [11].

---

[11] Es famoso por su erupción del 24 de agosto del año 79 d. C., en la que fueron sepultadas las ciudades de Pompeya y Herculano. Tras aquel episodio, el volcán ha entrado en erupción en numerosas ocasiones. Está considerado como uno de los volcanes más peligrosos

◻ En el caso de un volcán, la mejor acción es evacuar la zona, en el mejor de los casos la zona será devorada por fuego o gases tóxicos que harán la vida imposible, así que aléjense lo más posible.

◻ Comida, baterías y agua serán las principales cosas que dean guardar antes del momento.

◻ Recuerden en zonas donde las erupciones volcánicas son frecuentes, o posibles, es importante tener una máscara en caso de que las cenizas.

◻ Haga prioridad a los menores y a las personas de mayor edad, evacue esas personas cuando se pueda, antes del evento.

DESPUÉS

◻ Evite zonas bajas, lo que llaman zonas por debajo del mar, recuerde que la lava seguirá el mismo destino del agua, si la zona donde se encuentra era una zona donde se pudiera inundar antes, lo más seguro es que la lava llegue allí, evite a toda costa las zonas bajas.

◻ Consiga un refugio, lo peor que le puede pasar es que las cenizas del volcán lleguen a sus pulmones, llega un momento que obstruyen las vías respiratorias y no le permiten respirar.

◻ Use máscara respiratoria en todo momento, respirar las cenizas terminará dañando su sistema respiratorio y creará daños permanentes en

---

del mundo, ya que en sus alrededores viven unos tres millones de personas y sus erupciones han sido violentas; se trata de la zona volcánica más densamente poblada del mundo. Es el único volcán situado en la parte continental de Europa que ha sufrido una erupción en el siglo XX. Los otros dos volcanes italianos que han entrado en erupción en las últimas centurias se encuentran en islas: el Etna en Sicilia y el Estrómboli en las islas Eolias. Fuente Wikipedia.

el.

◻ Si se encuentra en una casa evite el acceso de las cenizas a ella, en tal sentido cierre toda ventana o puerta.

◻ Si se encuentra en una casa, permanezca siempre en la puerta, de esa manera siempre podrá salir rápidamente en caso de que algo ocurra.

◻ Manténgase en comunicación con las autoridades, si la erupción ya pasó, lo más seguro es que ellos tengan más control de lo que está sucediendo y estén al pntiendet de donde debe ir, salir antes pudiera dirigirlo directamente a la zona de peligro, es por ello que debe seguir las instrucciones.

CUANDO EL RETORNO SE ORDENE

◻ Use máscara para regresar a la zona aunque el peligro ha terminado.

◻ Regrese solo, no traiga a su esposa o hijos si no es necesario, primero regrese para evaluar daños y la zona, en ese sentido podrá garantiza la zona y permitir que todo esté en orden.

◻ limpie todos los daños ocasionados y prepare el reporte de seguro correspondiente.

◻ Durante la limpieza no deje de usar la máscaras, las cenizas volcánicas pueden ser bastantes dañinas para los pulmones

◻ Espere cualquier información sobre el volcán, los volcanes no dejan su actividad de golpe, es posible que la actividad continúe por cierto tiempo.

5) EMP o pulso electromagnético o Tormenta Solar.

Como es sabido por todos el impulso electromagnético tiene dos posibles causas, el primero por el sol, con una erupción electromagnética que ocurre más comúnmente de lo que la gente piensa, de hecho a diario, con diferencia que la mayoría son desviado por nuestra atmósfera o por nuestro centro magnetico. La otra forma d es por medio de la explosión de una bomba atómica en la superficie de la tierra, cosa que ocasiona un impulso electromagnético capaz de acabar con cualquier equipo electrónico en la zona. DEsde el 2008 las naciones del mundo se han empezado a preparar para cualquier ataque con EMP, inclusive si viene de la naturaleza

ANTES

El propósito más importante de un EMP es dañar cualquier circuito electrónico, en consecuencia, lo más recomendable antes de cualquier EMP evento. Es por ello que 1836 Michael Faraday inventó lo que sería el mayor invento prepper en lo que a ataque EMP o tormenta solar se refiere.

▢ Construya un Faraday Cage o una caja Faraday. Esta caja consiste en una estructura metálica que es aislada por medio de carton o anime, y que hace imposible que los circuitos electrónicos de los equipos dentro de ella no reciban un impulso electromagnético generado por la naturaleza o artificialmente.

▢ Si usted ha sido prevenido, por ejemplo usted se ha enterado que viene un misil atómico en la vía, o que viene una gran tormenta solar, usted tendrá tiempo de prevenir, es por ello que podrá desconectar todos sus equipos electrónicos de su fuente de poder, y sacar las baterías de los equipos, esto podría ayudar a que los equipos no sufran tanto. Aunque recuerden que la corriente viaja en ondas por el aire y llegará a los circuitos estén o no conectados, es solo una forma de prevenir mayores daños.

DURANTE

▢ Espere el momento correcto para sacar los equipos electrónicos del faraday cage, recuerde que si es un evento natural puede durar varios días, y normalmente cuando se trata de un evento natural sabrá reconocerlo, en caso de un evento creado tendrá a) un aviso de las autoridades por TV o internet.

◻ Manténgase alejado de los equipos electrónicos que no pudo aislar, durante el EMP estos pudieran hasta incendiarse, es por ello que debe tener a la mano cualquier medida que pueda prevenir un incendio. Esto sucederá en el caso de que estén conectados

DESPUÉS

◻ En un país de ciegos el tuerto es el rey, así que aplique y aproveche su oportunidad de ser una de las pocas personas que tienen equipos electrónicos, usarlos inteligentemente, trate de ayudar a su comunidad pero recuerde, ahor su equipo podría convertirse en un tesoro así que prepárese para protegerlo.

◻ Uno de los equipos más comunes que se guardan en un faraday cage son: radios, gps, teléfonos, computadores, sistemas multimedias compactos, algunos cargadores solares, compresores, generadores de electricidad por gasolina u otro medio de combustión y algunos electrónicos médicos que necesite una persona en alguna emergencia. Aunque los sistemas a nuestro alrededor están dañados, es posible que muchos de estos equipos puedan hacerle la vida más fácil, en tal sentido le doy varios ejemplos: Si usted se ha tomado el tiempo de prepararse, imagine una biblioteca de videos de como hacer las cosas, donde tenga cómo construir, cómo sembrar, cómo limpiar armamento, como crear nuevos circuitos electronicos o electricos después de un EMP, eso tendría un gran valor porque le podría servir par el futuro.

6) Terremotos.

Siempre le he dicho a las personas que uno se hace prepper y se adapta a la zona donde vive, y normalmente se prepara para posibles catástrofes pero no para todas, es por esto que si usted vive en una zona de riesgo de terremotos o una zona sismica, entonces esta seccion sera de gran ayuda.

Los terremotos son prácticamente imposibles de prevenir, pero la tecnología está colaborando mucho en poder tener algo de información antes del evento, aunque todavía es muy corto el tiempo en el que se puede decir que algo va a ocurrir y el tiempo en que se pudiera avisar a la población, apenas unos cuantos segundos. Por su naturaleza los terremotos son uno de los eventos de más destrucción, pero más allá de lo material, el daño a las personas es impresionante, y sus efectos devastadores. Y una de las cosas que se debe tener en cuenta es que lo más importante para un prepper en terremotos es que el equipo de primeros auxilios debe tener siempre un fuerte equipo de traumatismos (fracturas, golpes, cortaduras, etc). Otra característica que tienen los terremotos es el fuego, de hecho, se estima que en el terremoto de san francisco fueron más las casas incendiadas que las destruidas, ya que una vez pasado el terremoto muchos edificios que hayan entrado en llamas, fueron inaccesibles sin agua no se puede hacer nada. Los terremotos se miden en unidades de richter[12], que expresan la intensidad de las ondas, donde los valores ponencia a 10 veces cada vez que sube de valor, por ejemplo un terremoto o sismo de 3 es 100 veces mayor a uno de 1. Ver Anexo 21.

ANTES

▢ Una de las primeras cosas para las cuales usted deberá estar preparado es los daños que recibirá su casa y/o oficina, por lo que es recomendable que tenga un seguro que los cobra, guarde estos documentos en un lugar donde después sea fácil recuperarlos, preferiblemente en un lugar a prueba de fuego.

▢ Tenga un plan de escape de toda edificación donde usted frecuente, si

---

[12] En 1935 el sismólogo Charles Richter desarrolló en el Instituto de tecnología de california una escala para medir la magnitud de un terremoto con una escala del 0 al 10. Inicialmente el proyecto fue para uso interno de la universidad pero luego fue implementado a nivel mundial y es el la actualidad el estándar que identifica la magnitud de los sismos. Se usa un sismógrafo para esa medida y se realiza por medio de un zigzag que identifica la magnitud de la onda, a mayor trazo significa que el movimiento telúrico es mayor.

está en una zona de terremotos o zona sísmica debería de ser una norma para usted. No solo en teoría, practique las salidas, y mida el tiempo.

▫ Tenga también sus documentos más importantes en un lugar seguro y a prueba de incendios y de golpes.

▫ Deberá tener un plan Post Terremoto donde deberá tener un plan de racionamiento de agua y comida por cada miembro de su familia, amigos o compañeros de trabajo, en éste plan debe tener de 72 horas a 7 días.

▫ Uno de los mayores problemas que trae un terremoto es el caos, las personas, las familias quedan separadas por grandes periodos de tiempo, y eso genera aún más estrés. Planifique lugares de encuentro en caso de quedar separados, por ejemplo si un terremoto sucede nos encontraremos al frente de la casa, si en 24 horas no están entonces nos encontraremos al frente del hospital X, si en 72 horas no están todos entonces en la estacion de policia X, finalmente un lugar en las afueras de la ciudad a los 7 días del evento. Use periodos de tiempo de 24, 48, 72 horas, 7 días y hasta 30 días. La reunificación reducirá el stress y le permitirá trabajar en equipo, esto aplica con familia, pero también con amigos y con compañeros de trabajo.

▫ Acostumbrese a que los mobiliarios grandes como bibliotecas deben estar anclados a las paredes, así evitará que le caigan encima.

▫ Evite poner objetos pesados en las partes de arriba de muebles, al caer pueden causar mucho daño.

▫ Aprenda cómo cerrar el paso del gas, luego del terremoto está será uno de los puntos más peligrosos, ya que en muchos casos la gente olvida cerrar la llave principal del gas y con fugas solo se ocasionan explosiones.

▫ Aprenda primeros auxilios, principalmente los relacionados con cortadas y con fracturas, podrían ser de gran ayuda.

▫ Tenga a la mano su kit de primeros auxilios.

▢ Entre las cosas que siempre deberá tener a la mano, si usted está en una zona de peligro son:

1. Un extintor de incendio
2. Un radio de baterías o de bobina.
3. Baterías de repuesto.
4. Linternas.
5. Agua (72 horas).
6. Comida de emergencia (72 horas).
7. Un silbato (una buena opción son esas pulseras paracord que tienen un silbato al final).

▢ Muchas de las personas que mueren en los terremotos, no lo hacen en el momento del terremoto, lo hacen días después, porque no pueden ser encontradas. Las personas creen que podrán gritar para ser encontrados. y aqui esta el problema, después de 24 horas pidiendo ayuda, perderá la voz, por falta de agua y por el polvo en el ambiente. Es por eso, que los nuevos brazaletes que tienen silbatos son una excelente opción para tener consigo todo el tiempo. Será mucho más fácil usar el silbato y no perder la voz, sino cuando ya sienta que hay gente cerca.

DURANTE

▢ Mantenga la calma, si se encuentra dentro de un lugar que ha identificado como una estructura moderna y sólida no salga, y si se encuentra fuera no trate de entrar a ningun lugar.

▢ Si se encuentra en una edificación de menos de 6 pisos trate de evacuar de inmediato, tendrá menos de 60 segundos para salir de la estructura. En el terremoto de Septiembre 19 del 2017 en Puebla, México muchos edificios pequeños colapsaron y la gente que se quedó adentro murió.

▢ Al salir de un lugar, nunca salga sin ver a donde sale, y mucho menos se lance a la calle, en ese momento de caos muchos carros podrían pasar sin poder verlo y sería peor.

◻ Si se encuentra dentro de un lugar y decide quedarse, no se acerque a puertas y ventanas y trate de meterse debajo de algún mobiliario que sea fuerte como escritorios, no camas ya que las patas de la cama no resistirán si un peso muy fuerte les cae encima.

◻ En caso de encontrarse fuera de un lugar, al aire libre, entonces, aléjese de cualquier construcción, los edicions podrían desprender cosas. También es importante evitar estar cerca de tendido eléctrico así como de zonas húmedas ya que el tendido eléctrico podría caer y generar cortos de circuito y electrocutamientos.

◻ Si decide salir por ninguna razón use el ascensor. Estos podrían desprenderse o descarrilarse.

◻ En caso de encontrarse en un vehículo, no salga de él, solo deténgase y aguarde hasta que el terremoto termine. póngase el cinturón, y no se asome por las ventanas, objetos y principalmente vidrios podrían caer de los edificios.

◻ Por último, por nada del mundo, use encendedores o cerillos (fósforos) ya que la ruptura de tuberías de gas podría generar un evento en cadena, explosiones, o simplemente fuegos.

DESPUÉS

◻ Si ha quedado atrapado, primero cerciorarse que no está herido, segundo identifique cual es el estado de la estructura, y si puede salir de ella, y tercero, en caso de no poder salir de ella, empieces a pedir ayuda sin forzar la voz, si tiene un silbato entonces empiece a usarlo.

◻ Si se ha quedado atrapado, En algunos manuales le dirán que use su teléfono para llamar, es posible que tenga suerte y tenga señal, y pueda hacerlo, pero si la tiene, puede tener dos opciones:

1. Usar una aplicación que haga señales de luz con el teléfono con el SOS, esto le ayudará si el lugar es oscuro, pero sí es claro, no le servirá de mucho.
2. También existen unas aplicaciones que emiten el sonido de clave morse del SOS, eso podría ser más efectivo, ya que se escucha fácilmente. Esto evitará que desgaste la voz y solo la uses cuando ya escuches a alguien cerca.

▢ Si ha quedado atrapado, y está herido y algo le está cortando o apresando una herida y no puede salir fácilmente de donde se encuentra, no trate de quitar lo que le está presionando la herida, si hay un corte, eso puede ser lo que está haciendo que no pierda más sangre de lo normal, algunas personas se quitan lo que se les había encajado o lo que les apresaba, al no poder salir se desangran en el sitio.

▢ Revise de inmediato el estado de sus seres queridos, que no tengan heridas, si las tienen que sean tratadas. Implemente de inmediato el plan post terremoto que ha planificado.

▢ Chequea agua, electricidad y gas, estos son los elementos más peligrosos en tu edificio, no solo revises tu apartamento, si estás en un condominio deberes movilizarte con tu comunidad para que se revise de inmediato todas las unidades. Una sola unidad con una fuga podría convertirse en una tragedia.

▢ Prenda la radio, trate de no usar el teléfono, en las primeras horas, las pocas celdas que queden disponibles serán usadas por las autoridades, y debemos tratar de no colapsar el sistema. Si tiene sistemas de radio de dos vías FRS/GMRS, banda civil y otros, trate de usarlos, de esa manera ayudará a los demás.

▢ Si su edificio está dañado salga de él

▢ Tenga cuidado con vidrios y escombros, una vez terminado el terremoto, le recomendamos que use zapatos resistentes, ya que puede ser fácil tropezarse con objetos punzo penetrantes. Las botas con punta de metal son ideales para estos momentos de peligro, igual los guantes también son de gran utilidad para evitar daños.

□ Tenga cuidado con las chimeneas, son unas de las estructuras más delicadas en una casa, una pequeña hendidura o grieta pudiera ser fatal.

□ Cuidado con tsunamis, una de las cosas más seguras después de un terremoto en una zona costera es los tsunamis, así que prepárese para ellos, en algunas zonas tienen hasta alarmas, ya que estos se pueden detectar ahora por una bollas que han puestos en las costas.

□ Aléjese de las áreas dañadas, inclusive de la ciudad, si tiene la posibilidad, hágalo, esas áreas tendrán un alta incidencia en robos, saqueos, y otros problemas posteriores a los terremotos, es preferible salir del área y regresar cuando todo está bajo control.

□ Vaya a las zonas estipuladas en su plan de emergencia.

□ Está pendiente de las réplicas de terremotos, se estima que todo terremoto trae algunas réplicas porque los suelos (las placas tectónicas) aún se están acoplando a sus nuevas posiciones.

□ Si abandonas tu casa entonces deja una nota dentro, en un lugar visible si se puede entrar a la casa. Si no se puede entrar entonces en la puerta, de esa manera si alguien te busca sepa donde estás o adonde vas.

7) Inundaciones.

La inundaciones son unos de los desastres naturales que más muertes y daños a la propiedad traen todos los años. Si usted se encuentra en una zona costera o cerca de rios, es lo más prudente ser un prepper en está terreno. En la mayoría de los casos las inundaciones son anunciadas y los servicios de meteorología han logrado estimar inclusive el nivel que tendrá la inundación, por lo que es posible prepararse para esto, no obstante, el secreto es esta listo, cuando la alarma llegue, muchos de los que tienen problemas es porque al llegar la alarma no están preparados, el agua se acaba, la casa no esta lista, no hay los suministros ni los equipos necesarios para salvarse y terminan falleciendo por no estar preparados.

ANTES

◻ Está pendiente de sus alrededores, aunque usted tenga las alarmas de los sistemas de meteorología, lo más seguro es que sea más fácil que usted pueda darse cuenta de que tan cerca está de una inundación solo con ver sus alrededores.

◻ Empiece a monitorear el servicio de radio meteorólogos como NOAA[13] o también puede ser en el caso de españa AEMET[14], en cada país existe una agencia del gobierno encargada de esto. En los Estados Unidos por ejemplo, existe una radio automatizada que entrega reportes del estado actual del clima en tiempo real y de acuerdo a la zona en la que usted se encuentra. Estos se encuentran en las frecuencias de VHF en los siguientes MHz

162.400	162.425	162.450	162.475	162.500	162.525	162.550

◻ En estos casos hay 2 posibilidades, la primera es que no le dio tiempo de salir o evacuar y la segunda es que evacue, por lo que en éste punto si tiene que quedarse debe tener como en casi todos los desastres los siguientes suministros básicos:
1. Agua para 7 días al menos por persona. Ver Anexo 19
2. Comida que no requiera refrigeración de baja denominación.
3. Cambio de ropa seca, si es posible en bolsas plásticas selladas.

---

[13] El Servicio National Oceanic and Atmospheric Administration que es una agencia del gobierno de los estados unidos.
[14] Agencia Estatal de Meteorología de España.

4. Documentos en un lugar a prueba de agua, no olvide documentos del seguro.
5. Linterna y radio de emergencia.

▢ Prepare su plan de evacuación, en muchos países es normal que se decreten evacuaciones obligatorias.

▢ Tenga su vehículo lleno de gasolina.

▢ Tenga todo listo para la evacuación, en algunos casos las cosas pueden empeorar rápidamente

▢ Use la lógica, las áreas más altas de su casa serán las menos afectadas en una inundación media, de igual manera si el agua llegara arriba sería por menos tiempo que los niveles más bajos de su casa, en tal sentido:

1. Todas las cosas de valor, incluyendo mobiliario de valor, documentos, pinturas, y otros objetos importantes deberán moverse a las partes superiores de la casa.
2. Muchas personas cometen el error de no pensar en las sustancias tóxicas que normalmente tienen en la casa, y en el momento de la inundación estas sustancias se convierten en su propia destrucción. Evite que cualquier sustancia dañina entre en contacto con las aguas, llevele a los sitios más elevados de su casa.
3. Ponga a cargar los equipos electrónicos.
4. Una vez cargados desconecte los equipos electrónicos.
5. Cierre cualquier sistema de ventilación en los niveles inferiores, de esa manera podría evitar el ingreso de agua.
6. Si es necesario llene bolsas de arena y pongalas en los lugares de acceso a su casa
7. Ingrese cualquier mobiliario externo. Podrían dañar a otras personas.

▢ Un set de cuerdas, pudiera ser de gran ayuda, muchas veces en momentos de evacuación una cuerda puede ayudar a mantener a su gente juntas. También puede servir para ayudar a otros a salir de las aguas.

DURANTE

◻ Apague y desconecte todo circuito eléctrico.

◻ Si las aguas están por encima de sus tobillos no camine en ellas, recuerde que no sabe que hay debajo, muchas personas en estas situaciones comenten el error de hacerlo y caen en huecos, se cortan con objetos oxidados o quedan atrapados por objetos en movimiento.

◻ Aunque usted no lo crea una corriente de agua de apenas metro y medio de altura puede hacerlo perder el equilibrio.

◻ Nunca trate de salvar a otra personas metiéndose a las corrientes de agua, si no sabe lo que hace, es preferible usar las cuerdas, y tratar de que ellos llegue a donde usted está, recuerde que en momentos de emergencia hay que tener la mente clara, es preferible que usted está en un lugar donde pueda ayudar a que se convierta en otra víctima por no saber qué hacer en la corriente.

◻ Si le dieron la orden de evacuación, entonces proceda de inmediato, recuerde cerrar toda puerta o ventana.

◻ Busque llegar a los terrenos más altos, evite zonas bajas y lo más importante no se acerque a zonas de tendidos eléctricos.

◻ Evite en todo momento conducir su vehículo por corrientes, esto podría hacer que su carro flote y pierda el control.

◻ Si ha tenido que salir en su vehículo por ninguna razón tome vías que no sean las recomendadas como vías de evacuación.

◻ Trate de evitar vialidades en mal estado que puedan deslizarse, o haber perdido el pavimento, peor aún, si hay agua ellas usted pudiera caer en un agujero del cual quizás no pueda volver a salir.

☐ Si se ve obligado a salir de noche en su vehículo o a pie, tenga mucho cuidado, ya que es más difícil de reconocer las corrientes y las zonas más inundadas.

☐ Si su vehículo se queda averiado, abandonarlo de inmediato.

☐ Si por alguna razón queda atrapado en una corriente dentro del vehículo, no se quede adentro, suba al techo hasta que pueda salir de la corriente, en teoría el carro podría flotar por un tiempo y permitirle pensar sus próximos pasos.

☐ No se refugie en el ático, durante el huracán Katrina muchas personas murieron por esa razón, suba al techo de su casa.

DESPUÉS

☐ Lo primero que debe hacer si por alguna razón se ha retirado de la zona de peligro es no regresar hasta que las autoridades lo indiquen, recuerden que la zona aún puede ser peligrosa, fuga de gases, tendidos eléctricos caídos.

☐ Revise cualquier fuga de gas, eléctrica o cualquier otro peligro, reportelo si es necesario y sino, arreglarlo de inmediato.

☐ Regrese solo por las rutas indicadas como seguras.

☐ Antes de entrar a su casa, oficina o edificio, asegúrese que ya no está rodeado por agua, abrir las puertas podría dañar el edificio si resistió la entrada de agua.

☐ Utilice botas y guantes protectores.

☐ No use linternas de gas, use solo de baterías, pudiera haber aún alguna fuga de gas.

☐ Examine cualquier daño ocasionado a estructura. Documente todo, recuerde que para el seguro será necesaria toda la documentación posible.

☐ Cuando la inundación ha acabado, abra todas las puertas y ventanas, esto ayudará a la salida de cualquier gas, y el secado de la casa en general.

☐ Después de revisar que su estructura en la casa está bien, contrate a profesionales para restaurar la electricidad y el gas, recuerde que en estos momentos podría ser peligroso trabajar esto sino se conoce del sistema en general.

☐ **Si su sótano se anegó, entonces deberá sacar el agua, se recomienda que se saque a razón de ⅓ del agua por día para evitar daño estructural.**

☐ Si tenía comida deberá botarla ya que puede haberse contaminado.

☐ Durante algún tiempo el agua deberá ser desinfectada, se estima que al menos durante los primeros 30 días. Recuerde que solo necesita llevarla al primer momento de hacer las burbujas hirviendo.

☐ Empiece la limpieza y desinfección de su casa u oficina de las zonas más altas a las más bajas.

☐ En términos generales, en países del primer mundo se recomienda botar todo lo que no sea irrecuperable como documentos importantes. Demoler inclusive paredes que no sean de bloques, para empezar una construcción nueva por dentro de la casa, en países en desarrollo la necesidad obliga a tratar de salvar lo más posible, pero tenga en cuenta que esto puede traer enfermedades posteriores por la humedad y el moho que se acumulara en las paredes y cualquier superficie.

8) Guerra nuclear, ataque nuclear o bomba

sucia.

Durante la guerra fría[15] era normal hablar de este tema, de hecho, habían hasta prácticas en las escuelas para saber qué hacer durante una explosión nuclear. La realidad es que antes de las explosiones de Hiroshima y Nagasaki nadie conocía el verdadero poder de destrucción que estas bombas podían causar, a pesar de haber sido probadas con anterioridad[16], algunos hasta especularon que podría acabar con el planeta entero. Luego de las explosiones japonesas y el fin de la segunda guerra mundial, muchas naciones se dedicaron a preparar su armamento nuclear para la defensa. No obstante fueron los Estados Unidos y la Unión Soviética quienes alcanzaron una masa crítica en los años setentas. Hoy con el pasar de los años, es poco probable, aunque no imposible una guerra global termonuclear, ya que el arsenal existente podría acabar con la población mundial 400 veces. No obstante, existe un miedo constante a naciones emergentes como Norcorea que han empezado una segunda carrera nuclear armamentista, no autorizada por las naciones Unidas y que podría desencadenar en un conflicto nuclear. Con las tecnologías actuales, hablar de protección en una guerra nuclear es casi imposible, ya que los submarinos nucleares así como algunas naves de guerra, son capaces de enviar un misil con capacidad nuclear a tierras enemigas en apenas 15 minutos, algunos hasta en 10 minutos. Ahora bien, los riesgos más altos que existen en la actualidad es lo que se llama una bomba sucia, que son bombas con capacidad de dispersión radiológica, que podrían ser usadas

---

[15] Desde el final de la segunda guerra mundial en 1945 hasta la caída del muro de berlín se fraguó lo que se conoce como "la guerra fría" que no fue más que una lucha político, militar, social, científica entre el polo del oeste y el polo del está, el primero liderado por USA y el segundo por la unión soviética, donde prevalece principalmente la visión democrática capitalista en contra de la visión comunista, está periodo terminó formalmente en 1985.

[16] Como parte del proyecto manhattan los estados unidos desarrolló lo que sería la prueba Trinity que fue la primera explosión nuclear en el mundo, el 16 de Julio de 1945, en la cual se usó plutonio como base principal de la bomba, la misma que luego se usaría en Nagasaki, cabe destacar que la explosión de Hiroshima fue otro tipo de bomba nuclear con Uranio.

por terroristas, estas bombas no tienen en teoría una gran cantidad de fatalidades y su efecto es más psicológicos, no obstante las personas que estén en el radio de acción tendrán o no más posibilidad de sobrevivir si siguen las instrucciones.

ANTES

☐ Tenga siempre a la mano, en su casa, colegio, carro y oficina un kit de primeros auxilios, en éste kit es importante incluir implementos para tratar quemaduras e inclusive de tercer grado.

☐ Defina su zona de peligro, en cada ciudad usted puede averiguar si está en la zona de peligro cercana a las plantas nucleares, de acuerdo a esto, también desarrolle su plan de salida.

☐ En el plan de salida recuerde que es importante la dirección del viento, por consiguiente tenga 2 o más planes a activar, y dependiendo de la dirección del viento apliquelo.

☐ Está atento a los signos de que algo está mal. Una de las primeras alarmas será el impulso electromagnético, si usted ve que los carros se detienen abruptamente, busqué refugio de inmediato, ya no hay tiempo de correr.

☐ Tenga identificado cuál podría ser su refugio para la onda expansiva, recuerde que después de la explosión vendrá una onda expansiva que podría destruir hasta su edificio, está preparado para estos casos. Ver terremotos.

☐ Aunque no le protegerá por muchas otras exposiciones radioactivas, la tiroide actúa directamente con el yodo y no reconoce si es radioactivo o no, por lo que tomar Yoduro de Potasio puede ayudar a engañar a la tiroides pensando que no necesita más yodo del medio ambiente y evitando que reciba el de la exposición radioactiva. Un set de pastillas para 14 días será suficiente por adulto. Deberá tener uno en cada lugar donde usted se mantenga, preferiblemente entre su kit de primeros auxilios personal.

◻ Tenga suministros básicos para 8 días, y recuerde durante las primeras 48 horas ni siquiera se asome para ver como esta la situacion, cualquier exposición durante ese tiempo podría ser letal, no obstante eso depende de lo cerca que está de la zona cero, recuerde que las 10 millas a la redonda deberán ser evacuadas de inmediato, el chance de sobrevivir en ellas es casi nulo, y las siguientes 50 millas también, aunque tendrá tiempo para hacerlo, después de allí, deberá refugiarse.

◻ Identifique las zonas de peligro de las plantas nucleares cercanas, un link importante podría ser el de Physician for social responsibility, donde le podria decir si su casa se encuentra cerca de una planta nuclear, de sus zonas de peligro, y a cuanta distancia, también le informa la cantidad de personas que deben ser evaluadas en caso de un desastre y eso le puede dar una idea de la gravedad del asunto. Esta pagina solo funciona para USA. http://www.psr.org/resources/evacuation-zone-nuclear-reactors.html

◻ En caso de un accidente de una planta nuclear, está atento a alarmas, ya que en las zonas cercanas a las plantas nucleares se ha dispuesto de un sistema de alarmas que inclusive es probado cada 4 meses para estar pendiente de su funcionamiento.

DURANTE

◻ Al darse cuenta que existe una explosión nuclear evite por cualquier razón ver el hongo radiactivo, el destello podría dejarlo ciego temporalmente e inclusive permanentemente.

◻ Busque refugio de inmediato, ya no hay tiempo de correr, deberá protegerse por las siguientes ondas expansivas que vendrán. Tendrá apenas segundos para esto.

◻ Tenga en cuenta que existen 3 principales partículas radiactivas, las alfas, las betas y las ganma, las primeras son de corto alcance, las segundas se protegen con la misma ropa, ropa que deberá desecharse afuera del refugio, no entre con esas ropas a donde se guardará para pasar el periodo de 8 días básicos. y las gamma que son las más dañinas ya que puede traspasar no sólo una distancia de hasta 1.5 kilómetros en el aire, y lo que es peor aún, pueden traspasar muchas estructuras. Es por ello que deberá estar atento la distancia al siniestro, y la calidad de su refugio para saber y estimar si es posible sobrevivir en él, o si será necesario moverse de inmediato a una zona más alejada.

□ Los rayos gammas son muy dañinos, si desea tener un refugio que pueda protegerse de esto, será necesario que tome las siguientes medidas según el material que posea su refugio[17]:

- acero: 21 cm (0,7 pies)

- roca: de 70 a 100 cm (de 2 a 3 pies)

- concreto: 66 cm (2.2 pies)

- madera: 2,6 m (8.8 pies)

- tierra: 1 m (3.3 pies)

- hielo: 2 m (6.6 pies)

- nieve: 6 m (de 20 a 22 pies)

□ Manténgase al día con los avances de radio y TV o cualquier otro medio de comunicación disponible, los gobiernos han invertido una gran cantidad de dinero para que sus medios de comunicación de emergencia sean a prueba de ataques nucleares, paradójicamente hablando el internet nace de la necesidad de un sistema de comunicación en caso de un ataque nuclear, aunque ya se ha establecido que sería el primero en sufrir por esta causa.

□ existen dos estados de protección inmediata, la explosión y el daño radiactivo, prepárese para ambos y aplique las acciones pertinentes en cada una de ellas.

---

[17] http://www.wikihow.com/Survive-a-Nuclear-Attack

▢ En el caso de la lluvia radiactiva o daño radiactivo, deberá alejarse lo más posible de la zona cero.

▢ Aléjese de objetivos militares y tácticos importantes, como aeropuertos, puertos marítimos, bases militares, silos de misiles, plantas eléctricas, químicas y petroleras, industrias importantes, centros de telecomunicación entre otros. Una segunda ola de bombardeos podría dirigir a estas áreas, en su plan de acción, siempre tome en cuenta estas áreas para tenerlas al menos 50 millas lejos de su refugio. Tome en cuenta que si su refugio se encuentra a 50 millas de su casa, a una velocidad de 50 millas por hora llegará en una hora, así que tome esto en cuenta, en una guerra nuclear o un ataque nuclear el tiempo, la distancia y la calidad del refugio son lo que puede hacer la diferencia entre la vida ay la muerte.

▢ Para los survivalistas o preppers que temen está escenario, la mayoría ha preparado 2 refugios, uno para protegerse contra la explosión y otro para pasar la contaminación radioactiva. El secreto del primero es que pueda resistir el daño ocasionado por la onda expansiva destructiva, esto claro esta si esta lejos de la zona cero, porque las primeras millas a la redonda serán una zona de destrucción total donde no quedará piedra sobre piedra, pero algunos han desarrollado unos pods o mini refugios de acceso rápido, que pudiera servir para el momento de la explosión. Luego estos se tendría que alejar rápidamente de la zona de peligro a el refugio para pasar la contaminación, en el cual podría esperar que las cosas se "normalizaran", entre 8 días hasta 12 meses.

▢ De cualquier manera es importante no salir del lugar donde se encuentre en las primeras 24 horas del ataque, esto aplica al menos que las autoridades manden a evacuar la zona, recuerde que la radiación durante las primeras 24 horas es prácticamente mortal con pocos minutos de exposición, pero esto se mejora al pasar las horas.

▢ Mientras más abajo de la tierra se encuentre y más al centro del edificio mejor será en caso de protección de los rayos gamma.

▢ Remueva cualquier ropa que ha tenido durante el ataque, esto pudiera reducir hasta el 90% de la contaminación que tre, importante, no ingrese esa ropa al refugio.

▫ Lave su cabello con agua, jabón y shampoo pero no use acondicionador, ya que está puede hacer que las partículas radiactivas se oculten y no sean fácil de remover o reconocer.

DESPUÉS

▫ Pasados los primeros 8 días, si no se le dice lo contrario, podría salir a revisar el estado fuera del refugio, trate de monitorear las comunicaciones para estar seguro que lo puede hacer.

▫ En situaciones normales el gobierno hará señalamiento de las zonas de peligro, evite entrar a estas zonas. En accidentes nucleares como el de Fukushima en Japón en el 2011 y el de Chernóbil en Ucrania 1986 los gobiernos designaron zonas de exclusión o cuarentena en los cuales por medidas de seguridad no se puede acceder. No obstante en casos extremos como el de chernóbil se estima que no se podrá entrar en los próximos 20.000 años.

▫ Familiaricese con las medidas de radiación, les anexamos una tabla que puede ser alarmante, pero que puede darle una idea de la situación que pueda estar una persona expuesta a la radiación.[18]

Dosis de radiación expuesta	Resultado o síntomas
Menos de 0.05 Gy	No hay síntomas visibles
De 0.05 a 0.5 Gy	El conteo de células rojas aumenta temporalmente
0.5 a 1 Gy	Se deja de producir leucocitos o células blancas

---

[18] http://es.wikihow.com/sobrevivir-a-un-ataque-nuclear

	que sirven como defensa para el organismo. Los síntomas más frecuentes son susceptibilidad a las infecciones, náuseas, dolor de cabeza y vómito. Por lo general, es posible sobrevivir a esta cantidad de radiación sin recibir ningún tratamiento médico.
1.5 a 3 Gy	El 30% de las personas mueren en los siguientes 30 días, tienen los síntomas anteriormente descritos y se pierde el cabello.
3 a 4 Gy	La mitad 50% morirá a los 30 días, además de los síntomas anteriores, hay sangramiento por la boca, la piel y daños permanentes en riñones por envenenamiento masivo.
4 a 6 Gy	El 60% morirá en 30 días, aunque hay una intensidad mayor en los síntomas, es posible en muchos casos sobrevivir de 2 a 12 semanas, aunque el desenlace termina siendo fatal.
6 a 10 Gy	Envenenamiento agudo y es mortal en un 100% de los casos, solo es posible salvarle con un trasplante de médula ósea, los sistemas digestivos están totalmente destruidos.
10 a 20 Gy	Muerte del 100% de los casos, los síntomas aparecen de inmediato y ya el sistema digestivo está totalmente destruido, es por eso la causa principal del sangramiento por la boca.

▢ Aunque sea poco probable, aprenda a identificar sus fuerzas militares, sus uniformes, sus emblemas, armamento y vehículos, después de salir de su refugio pudiera encontrarse con una sorpresa, parecida a la que recibieron muchos japoneses al darse cuenta que su país se había rendido a los Estados Unidos en 1945. Un ataque nuclear es poco frecuente, pero por algo se tiene entre las listas de posibles catástrofes, y si la razón fue una guerra, es posible que después del ataque nuclear venga una invasión.

▢ Por último, si se trata de un ataque a full escala, prepárese para un acontecimiento de proporciones apocalípticas, las principales capitales del mundo serán destruidas, ciudades como washington y Moscú recibieron cientos de detonaciones y el mundo podría caer en un invierno radiactivo que podría durar muchos años ocasionando pérdida de todos los alimentos inclusive en países donde no ha habido ataque nuclear. No obstante los países del tercer mundo podrían ser los más seguros para que la población mundial pueda salvarse. Espere un completo caos, sin control federal donde los líderes locales serán los que controlan las diferentes áreas, de su nivel de preparación dependerá su supervivencia.

9) Pandemia.

La naturaleza muchas veces es culpable de traer muerte no por medio de desastres sino por medio de bacterias y virus, los enemigos latentes que tenemos los humanos y que muchas veces son más muertes que la mayoría de los seres vivos. En las dos tablas anexas verá que los virus y las bacterias son los más letales en comparación a otros animales. Los resaltados en gris son propensos a desatar pandemia sino son controlados.

Causante	Muertes al año
Tiburones y lobos cada uno	10
Leones y elefantes cada uno	100
Hipopotamos	500
Cocodrilos	1.000
La tenia o lombriz solitaria	2.000
La lombriz intestinal ascaris	2.500
Caracol de agua dulce por esquistosomiasis[19]	10.000

---

[19] Enfermedad principalmente en zonas tropicales, que se transmite por personas enfermas por medio de las heces y que se transmite por la piel. Puede causar daño en la piel, fiebre, Intestinos, vejiga y sistema cardio pulmonar. El caracol de agua dulce es solo un hospedados.

El Chipo(Venezuela), El pito(Colombia), Vinchuca(Argentina, Bolivia), Chinche (Centroamérica) o barbeiro en Brasil por el mal de chagas[20]	10.000
La glossina o mosca tsetsé por la enfermedad del sueño.[21]	10.000
Dengue	12.500
Los perros por rabia	25.000
Las serpientes	50.000
Influenza	250.000
Virus del Papiloma Humano	250.000
Los hombres	475.000
Retrovirus	500.000
Hepatitis B[22]	600.000
Mosquito transmisor de la malaria	725.000
VIH SIDA	1.600.000

La lista es meramente enunciativa ya que existen cientos de virus y

---

[20] Enfermedad transmitida por el insecto o por ingesta de las heces del mismo insecto, Esta enfermedad puede empezar con una inflamación aguda del área infectada hasta llevar a trastornos neurológicos y cardíacos, pasando por anorexia y otros trastornos.

[21] La enfermedad del sueño, comúnmente en África, es considerada mortal si no se trata debidamente, empieza con inflamación del área donde fue la picadura para después pasar a fiebres e inflamaciones, en su fase avanzada ataca el sistema nervioso y causa un severo trastorno de los ciclos de sueño.

[22] También la hepatitis C causa 350.000 muertes anuales y la hepatitis E causa otros 70.000 muertes.

bacterias, y lo peor, un grupo de científicos que todos los días están creando más, con el fin de usarlas en su mayoría para estudio, pero algunos pocos con fines armamentistas. El bioterrorismo tiene su cimientos en los virus y las bacterias.

ANTES

◻ Tenga siempre un kit de primeros auxilios a la mano.

◻ La pulcritud es crucial para evitar la mayoría de las causas pandemicas.

◻ Lávese las manos con regularidad.

◻ Después de saludar a alguien evite el contacto con mucosas hasta que se lave las manos (ojos, nariz, boca)

◻ Si tiene un contacto con personas que se ven enfermas, trate de alejarse, tape su boca y nariz y de nuevo, lave sus manos.

◻ Manténgase al día de las noticias. En la mayoría de los casos, las epidemias son anunciadas por los medios noticiosos, y permiten tomar medidas preventivas.

◻ Asegúrese de tener suficiente suministros de tapabocas para toda su familia, son económicas y se compran por cajas.

◻ En términos normales una persona debe consumir al menos 1 galón de agua al dia, pero si se enferma consumirá.

◻ Necesitará al menos 2 semanas de suministros de comida.

◻ Mantenga record impreso de su historial médico, en caso de que sea necesario ir a un lugar donde no exista luz y no puedan sacarlo de los computadores. Tenga siempre a la mano, el tipo de sangre, alergias y enfermedades previas para evitar complicaciones.

◻ Si tiene una condición física, una enfermedad crónica y necesita medicinas, le recomendamos que tenga al menos 30 días de suministro.

◻ Los antibióticos son el ORO en una pandemia, si posee al menos unas dosis suficientes para tratar una enfermedad, podría ayudar a su organismos recuperarse. Ver anexo 20

DURANTE

◻ En caso de que sea identificada una pandemia, la mejor forma par prevenir el contagio es aislarse, por lo que se recomienda que tenga al menos 30 días de suministros.

◻ Si una pandemia sale de control, recuerde que muchos de los servicios podrían ser interrumpidos, por falta de personal que atienda estos servicios, así que tome previsiones. Por ejemplo el servicio de luz podría interrumpirse, en consecuencia, no cajeros, no tarjetas de crédito para compras, no aire acondicionado.

◻ Las mascarillas tapaboca y nariz son esenciales en estos momentos, inclusive en su casa.

◻ Una caja de guantes de plástico sería útil. Igual unos lentes para proteger sus ojos.

◻ Si alguno de los miembros de su casa se ha infectado y no puede llevarlo a un hospital, tome las siguientes medidas:

1. Aislarlo en un solo lugar.
2. Si puede llévelo al hospital, si la pandemia ha llegado a números muy elevados entonces tratarlo en casa, pero en un solo lugar aislado del resto de la casa.
3. Asigne un plato, un vaso y unos cubiertos para comer. No los mezcle con otros.
4. Asigne una sola persona para atender al enfermo o enfermos.

5. La persona deberá lavarse manos, cara, y si es posible todo el cuerpo, además de cambiar su ropa antes y después de atender a los enfermos.

6. Si tiene posibilidad, trate de aislar el cuarto donde atienda al enfermo del resto de la casa, selle la puerta y haga un contrapuerta (un lugar donde se pueda quitar la ropa infectada, lavarse y salir del cuarto sin traer gérmenes contaminantes.

▢ Manténgase escuchando las noticias que pueda, en caso de grandes pandemias, el gobierno o los gobiernos deberían de poder desarrollar una vacuna de emergencia.

▢ Si es posible evite las zonas de cuarentena o los lugares donde estén más personas, eso aumenta el riesgo de contagio.

▢ Manténgase activo, haga ejercicio, coma bien, asearse regularmente durante el aislamiento aumentará sus posibilidades de sobrevivencia.

DESPUÉS

▢ Una vez que sepa que la pandemia ha terminado, deberá hacer una limpieza general de su casa, para evitar tener cosas relacionadas con la pandemia.

▢ Evalúe la situación, si la pandemia fue a gran escala, quizás es mejor salir de la ciudad por un tiempo, si las cosas salieron de control es posible que hallan cuerpos en descomposición, que podrían atraer otras enfermedades, normalmente curables, pero con un sistema de salud totalmente destruido por la pandemia es posible que no sean curables.

▢ Trate de recuperar la mayor cantidad de suministros (Agua, comida, medicamentos) que pueda, la reconstrucción y restitución de los servicios después de una gran pandemia pueden ser lenta.

▢ Está atento a las mutaciones de la enfermedad, en algunos casos, los virus consiguen la manera de mutar y así evitar la vacuna, en ese caso podría haber otro brote, es importante saber identificar, si son personas que eran inmunes, entonces el virus mutó y es hora de empezar de nuevo.

10) Tornados.

Los tornados, al igual que los terremotos son unos de los accidentes naturales más tenebrosos, ya que es casi imposible recibir una alarma antes del evento. No obstante la tecnología ha avanzado mucho y ahora se puede prevenir el momento y las áreas donde hay posibilidades de formación de tornados y alertar a la gente del lugar o zona.

ANTES

▢ Si vive en una zona de tornados y el tiempo está propicio par la formación de estos, entonces encienda su radio para estar al pendiente de cualquier alarma.

▢ En la mayoría de los pueblos, al menos en los estados unidos, que son propensos a tornados, tienen un sistema de alarmas que se prueba una vez al mes al menos, se trata de un gran sirena, que además da instrucciones por voz, de lo que se debe hacer en el momento. Estas alarmas son probadas con regularidad, así que si se muda a un pueblo pregunte por el sistema de alertas de tornados.

▢ Defina cuál sería su refugio, un sótano, un lugar protegido, un área de la casa donde tenga concreto. También define su refugio en los lugares que más frecuente, si toma esto como una actividad normal, aprenderá a estar listo en todo momento para un tornado.

▢ En su refugio tenga siempre un kit de primeros auxilios, y recuerde, en este caso al igual que en los terremotos debe prever tener equipo para traumatismos graves, ya que es posible que usted o alguien sea golpeado por objetos durante el tornado. (equipo de torniquetes, vendas, supresores o retenedores de sangre, etc)

▢ Mantenga la ración de 5 días por persona de agua y comida (1 galón por persona y 2300 calorías por persona, por dia)

DURANTE

▢ Al escuchar la alarma de tornado o al enterarse que viene un tornado proceda de inmediato al refugio, si se encuentra en casa u oficina seguramente ya definió uno, sino, seguramente al seguir nuestras recomendaciones identificó un posible refugio en caso de emergencia.

▢ Si vive en un motorhome o casa rodante, y escucha la alarma, salga de inmediato y diríjase al shelter más cercano.

▢ Si se encuentra en un vehículo evite salir, diríjase al edificio que vea más seguro, si no hay edicio, entonces cierre puertas y ventanas, asegure su cinturón, no se asome por la ventana, muchos de los accidentes en los tornados son por objetos volando.

DESPUÉS

▢ Cuando pase el tornado tenga en cuenta que muchos de los heridos inclusive las muertes suceden cuando pasa el tornado, asegúrese de protegerse si va a salir, con botas de seguridad (con punta de metal), si es posible resistentes a químicos. Utilice lentes protectores y guantes.

▢ Revise los heridos, no les mueva al menos que sea un inminente peligro, espere a que lleguen las autoridades de emergencia y les atiendan, mientras tanto administre primeros auxilios.

▢ Al igual que en un huracán o una inundación, si pasa por una zona inundada, no toque ningún metal, y aléjese de cualquier poste de electricidad.

▢ Al momento de limpiar su casa recuerde usar todo el equipo de seguridad.

▢ Documente todo lo que hace para efectos del seguro, tome fotografía de los objetos dañados así como de la edificación.

11) Colapso de la economía.

Para los preppers está es un escenario que cobra cada día más fuerza, no obstante, debemos diferenciar dos tipos de colapsos de la economía:

El Colapso sorpresivo, normalmente causado por alguna burbuja financiera que explota y deja como resultado un descalabro general de la economía, en este caso los daños son inmediatos y pueden ser hasta irremediables.

El colapso progresivo, por el contrario es el que hemos visto en países como Colombia, o Brasil y actualmente en Venezuela. En este caso el sistema económico se va ajustando a la situación y aunque no deja de ser un desastre, es más fácil de sopesar en el tiempo.

Tabla: Diferencias entre el colapso sorpresivo al progresivo.

	Colapso súbito o sorpresivo	Colapso Progresivo o poco a poco
Efectivo	Desaparece de un dia a otro al dejar los bancos de compensar los pagos	Va desapareciendo poco a poco y va perdiendo valor en el tiempo
Armas	Puede ejecutarse una orden especial para prohibirlas	Se prohíbe poco a poco, se regulan, hasta que el gobierno toma el control total.

Comida	Un dia los supermercados están full, al dia siguiente se entra en caos.	Las empresas colapsan y en consecuencia dejan de fabricar comida, con el tiempo los supermercados empiezan a tener escasez.
Delincuencia	La delincuencia tiene números normales, hasta que colapsa la economía, momento en el cual, más que delincuencia, hay es hambre y desesperación en el pueblo no Prepper.	Progresivamente aumenta, y la agresividad también, con la diferencia que en este caso la delincuencia se organiza y se forman bandas armadas
Abastecimiento	Al colapsar la economía los productos escasean en pocos días.	La escasez de productos empieza por meses y hasta años, hasta llegar a cero.
Autoritarismo	En términos normales, los gobiernos permanecen neutrales hasta el momento del colapso, donde muchas veces deben aplicar medidas especiales como ley marcial par controlar las masas	El gobierno poco a poco va tomando control de todos los elementos de la economía, normalmente expropia algunas fábricas, también recupera las fábricas perdidas tratando de recuperar la economía.
Valor de la moneda	Se devalúa en un solo día de forma estrepitosa	La moneda va perdiendo valor cada día, hasta el colapso.
Poder adquisitivo	Un dia puede comprar doce panes, al día siguiente a duras penas puede comprar uno solo	Paulatinamente se pierde el poder adquisitivo hasta llegar al punto que el ingreso no le sirve para comprar la cesta básica de alimentos.

A los fines de este manual hablaremos del colapso sorpresivo, ya que si se encuentra preparado para está, el progresivo lo sabrá identificar y en consecuencia podrá actuar de la misma manera.

ANTES

□ La primera característica del colapso de la economía es que el dinero no valdrá nada, por lo tanto, guardar 100 o 200 dólares en su mesa de noche solo le servirán para hacer una fogata o limpiar algo que desee. Es por ello que se recomienda guardar el dinero, al menos una reserva, en plata, oro o en diamantes. La mayoría de los preppers lo hace en plata ya que un lingote de una onza de plata puede costar entre 10 a 30 dólares y eso le permite tener algo así como un billete para comprar cosas básicas. Guarde al menos entre 200 a 500 dólares de esa manera. Eso le puede servir para los primeros días del caos.

◻ Así como en otros tipo de desastres, en el colapso de la economía, al no haber dinero circulante, las masas se podrán lanzar a las calles en búsqueda de comida y agua, por lo que tener 30 días al menos de comida y agua le será de gran ayuda. Se estima que una crisis de este tipo podría causar al menos un colapso de entre 30 a 90 días. Está preparado, la crisis de 1929[23] sumergió al mundo entero en una depresión económica que duró casi 10 años. Está preparado para algo así, en Estados Unidos pasaron casi 2 años.

◻ Al lanzarse la gente a la calle, habrá saqueos y caos, y en este caso usted debe estar preparado para defender su casa o negocio. Cumpliendo siempre las leyes locales, sería prudente conseguir una forma de defenderse (Armas largas, armas cortas, inclusive un machete puede servir).

◻ Trate de tener un lugar donde alejarse de las ciudades, un lugar a donde ir, puede ser en el campo. Mientras menos personas le rodeen más fácil será de controlar la situación, mucho más si usted está preparado.

◻ El Kit Médico Ver anexo 4, Tener un listado completo de supervivencia Ver anexo 9, un listado completo para su vehículo Ver anexo 12, y tener las 10 C's Ver anexo 13. son cosas que no deben faltar en este caso, que puede ser un problema a muy largo plazo, aunque la gran depresión en USA empezó la recuperación a los 3 años, en otros países como Alemania duró casi 10 años, usted no quiere eso para su familia.

DURANTE

---

[23] El 29 de Octubre de 1929 fue el crac de la bolsa de valores, derrumbando la economía mundial lo que se llamó "La Gran Depresión"

▢ En el momento que identifique que se encuentra en un colapso de la economía, salga de la ciudad de inmediato a su refugio alterno.

▢ Manténgase en contacto con las personas conocidas para saber la situación de las cosas, pero nunca revele su ubicación.

▢ Escuche las noticias locales y nacionales, estas le darán una idea de lo que puede estar pasando.

▢ Administre sus inventarios de comida y de agua, es posible que la crisis dure más de lo que usted pensó.

▢ Evite exponerse en lo más posible, no salga si no es necesario realmente, mientras más tiempo pase más la gente estara desesperada. Al principio robaran por agua o comida, pero despues sera por lo que sea, con el solo hecho de tener algo que intercambiar por agua y comida. Durante las crisis económicas de Brasil y Argentina era común ver que las personas ya no robaban por dinero, el dinero valía menos a cada minuto que pasaba, la gente robaba bolsas de supermercado.

DESPUÉS

▢ Si el gobierno logró restaurar las garantías económicas podrá volver rápidamente a su modus de vida acostumbrado, no obstante los primeros días son muy volátiles , manténgase siempre alerta.

ANEXOS

1) Caja de supervivencia del ZRTL
2) Tipos de hojas de los cuchillos.
3) Usos del Paracord
4) Kit Médico
5) Formas de purificar el agua
6) Crear refugio con el poncho

7) Que se puede hacer con el duct tape
8) Diferentes armas largas de supervivencia
9) Listado completo para la supervivencia antes del evento, equipo para llegar a la base.
10) Superficie necesaria para siembra y agricultura por tipo de hortaliza.
11) Ingredientes de los MRE.
12) Listado de lo que necesita para su vehículo de escape
13) Las 10 C's
14) Los Nudos en la supervivencia
15) El código morse.
16) Los codigos para radio #10's
17) Otros códigos de comunicación importantes.
18) Sistemas para desalinizar el agua en emergencias
19) Consumo de agua diario por persona
20) Antibióticos naturales y remedios caseros
21) Escala de Richter, ejemplos y daños.

<u>ANEXO 1: Caja de supervivencia ZRTL</u>

La Caja de supervivencia del ZRTL es la que recomendamos porque es la que tiene 61 productos en solo un recipiente del tamaño de un control remoto.

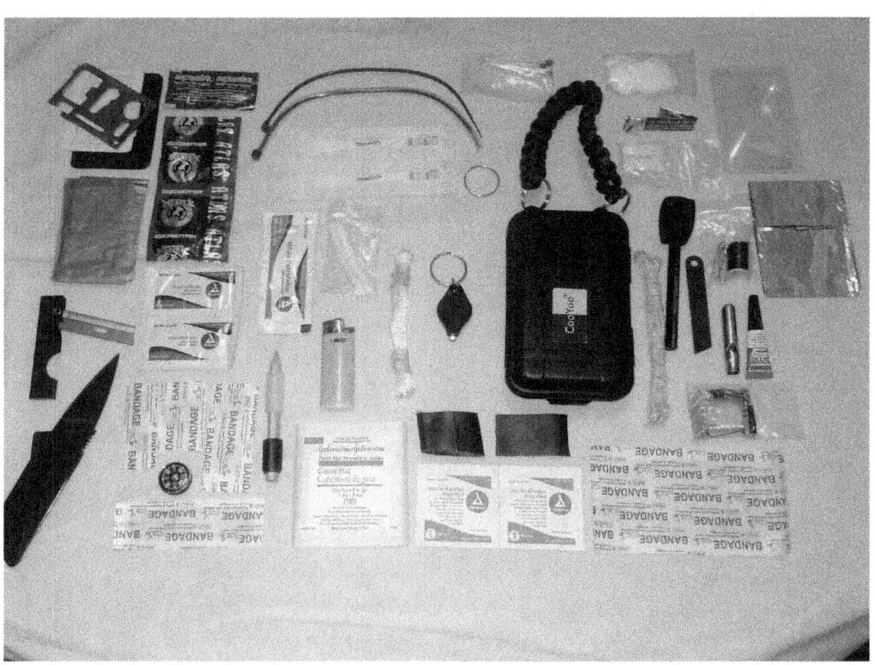

□ 1 Abridor de latas

□ 1 trozo de duct tape o cinta adhesiva metalica (PARTE DE LAS 10 C's)

□ 1 Lápiz de golf

□ 1 anzuelo de pesca #10: test 15 lb.

□ 2 Termómetros desechables esterilizados

□ 1 Cura grande

□ Brújula miniatura (PARTE DE LAS 10 C's)

□ 2 Dos aceleradores de fuego. (PARTE DE LAS 10 C's)

□ 1 Sobre de Vaselina o petróleo blanco 5 gramos

□ 1 Magnificador 3X tamaño tarjeta de crédito.

□ 2 gomas ranger

□ 1 lámina de papel aluminio 100% reciclado.

□ 2 velas (PARTE DE LAS 10 C's)

□ 1 Cura mediana

□ 1 Bisturí con funda protectora

□ 1 Super Goma o pegamento.

- 1 tubo de silicona cristalina.

- 2 Zip Tie o Cable Ties

- 2 Triple-Antibiotico para untar

- 1 gaza

- 1 Contenedor resistente al agua

- 4 curas pequeñas

- 2 pastillas purificadoras de agua para 2 litros de agua

- teipe o cinta médica

- Cinta de electricista negra.

- 2 toallas de algodón esterilizado.

- Nylon para pescar

- Cuerda de nylon 5 pies aprox. (PARTE DE LAS 10 C's)

- 3 fósforos resistentes al agua. (PARTE DE LAS 10 C's)

- 1 Barra de magnesio hacedor de fuego. (PARTE DE LAS 10 C's)

- 2 Condones no lubricados

- 1 Silbato de emergencia

- 1 Aro para llaves

- 1 cuchillo que se dobla en forma de tarjeta de crédito (PARTE DE LAS 10 C's)

- Herramienta multiuso 11 propósitos

- 1 encendedor de fuego (PARTE DE LAS 10 C's)

- 1 Bisturí esterilizado.

- 1 linterna de emergencia de un LED

- 2 pesos para anzuelo.

- Cordón o cuerda 10 pies aprox (PARTE DE LAS 10 C's)

- Estuche de coser

ANEXO 2: Tipos de hojas de Cuchillos.

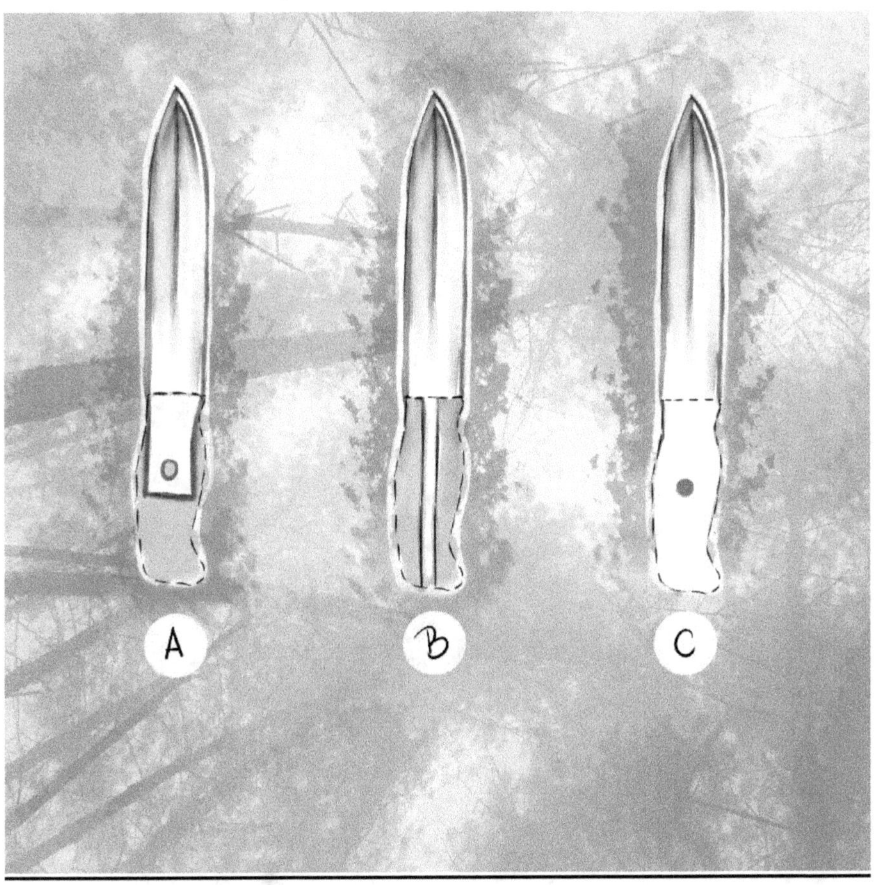

A)   Cuchillo de hoja media.
B)   Cuchillo de hoja de cola de ratón.
C)   Cuchillo de hoja entera. (Full tang)

ANEXO 3: Uso del Paracord

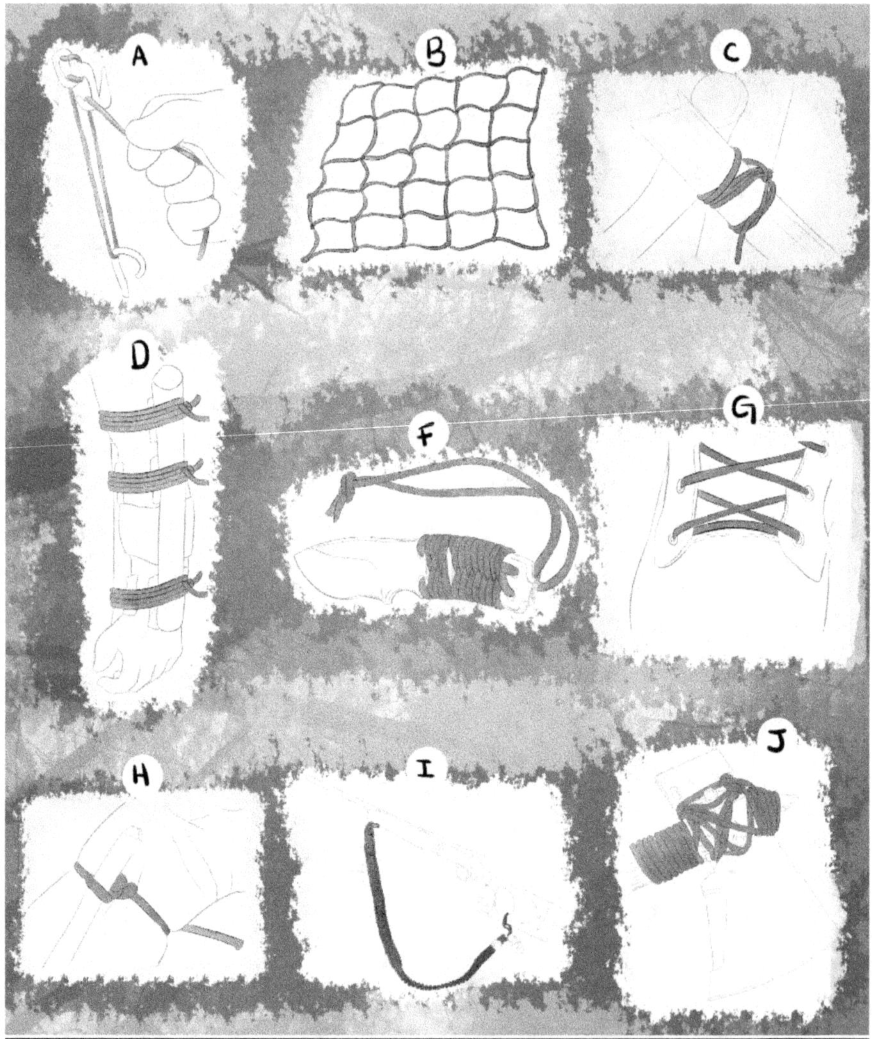

A) Para atar una carpa o hacer un soporte para colgar algo. B) como una red C) para un tripode. D) para inmovilizar una extremidad lesionada. F) Para el mango de cualquier arma. G) Para reemplazar el trenzado de sus zapatos. H) Como torniquete. I) Para hacer cinturones. J) Para crear armas compuestas.

○ Cuerda para practicar ski improvisada.

○ Colgar herramientas de correas o cinturones,

○ Riel de soporte para una carpa

○ Colgar cualquier cosa sobre la nuca.

árboles, matorrales o ganchos.

○ cinturon de emergencia

○ Al unir varias en forma de tejido de trenzas u otro tipo de tejido se puede hacer un cordón más fuerte

○ Amarrar las puntas de la carpa al piso.

○ Reparar un cierre.

○ Construir un arco.

○ Para atar o amarrar un bote, un animal.

○ Hacer trampas para animales.

○ Hacer el hilo para pescar con el contenido de 5 hilos internos del paracord.

○ Crear unas esposas o amarrar a un delincuente.

○ Hilo dental

○ Pulseras

○ Para limpiar un arma

○ Cestas

○ Hacer una resortera de emergencia.

○ Hacer una hamaca

○ Amarrar el recipiente de cocina o la olla sobre la rama en la fogata

○ Para bajar equipo por una cuesta.

○ Para amarrar un equipo y así no perderlo nunca

○ Para un sistema de alarma amarrando latas

○ Formando un arco y metiendo una rama se puede hacer fuego por fricción con tra rama..

○ Coser una herida con los hilos internos en caso de emergencia

<u>ANEXO 4: Kit Médico.</u>

Elementos básicos:

- ☐ Teipe o cinta adhesiva.
- ☐ Mariposas de vendajes
- ☐ Protector de ojo.
- ☐ Paquete enfriador.
- ☐ Guantes quirúrgicos.
- ☐ Lubricante como gelatina de petróleo.
- ☐ Pasadores de seguridad.
- ☐ Jabón para operar.
- ☐ Solución antiséptica.
- ☐ Termómetro.
- ☐ Jeringas.

- ☐ Gasa elastica para vendaje.
- ☐ Vendajes en varios tamaños
- ☐ Vendaje triangular.
- ☐ Algodones.
- ☐ Teipe o cinta para ductos.
- ☐ Bolsas plasticas (varios tamaños).
- ☐ Tijeras quirúrgicas.
- ☐ Antibióticos en crema.
- ☐ Solución para lavar los ojos.
- ☐ Sistema para limpiar una herida por succión
- ☐ Manual de primeros auxilios.

Medicamentos

- ☐ Aloe Vera.
- ☐ Anti Diarrea.
- ☐ Antiácido.
- ☐ Analgesico.
- ☐ Jarabe o pastillas contra la tos y el resfrío..

- ☐ Loción de calamina.
- ☐ Laxante.
- ☐ Antihistamínico.
- ☐ Crema de hidrocortisona.
- ☐ Medicamentos personales .

Artículos de emergencia

- ☐ Libreta con datos de contactos de emergencia.
- ☐ Historias médicas de cada uno de los

miembros de su equipo.

- ▫ Linterna para operar.

- ▫ Libreta a prueba de agua con lápiz para escribir especial.

- ▫ Cargador solar para celulares.

- ▫ Repelente de insecto.

- ▫ Luces de emergencia.

- ▫ Fósforos a prueba de agua.

- ▫ Sabanas de emergencia.

- ▫ Radios.

- ▫ Silbato de emergencia.

- ▫ Lentes protectores o máscara protectora.

ANEXO 5: Métodos para purificar el agua.

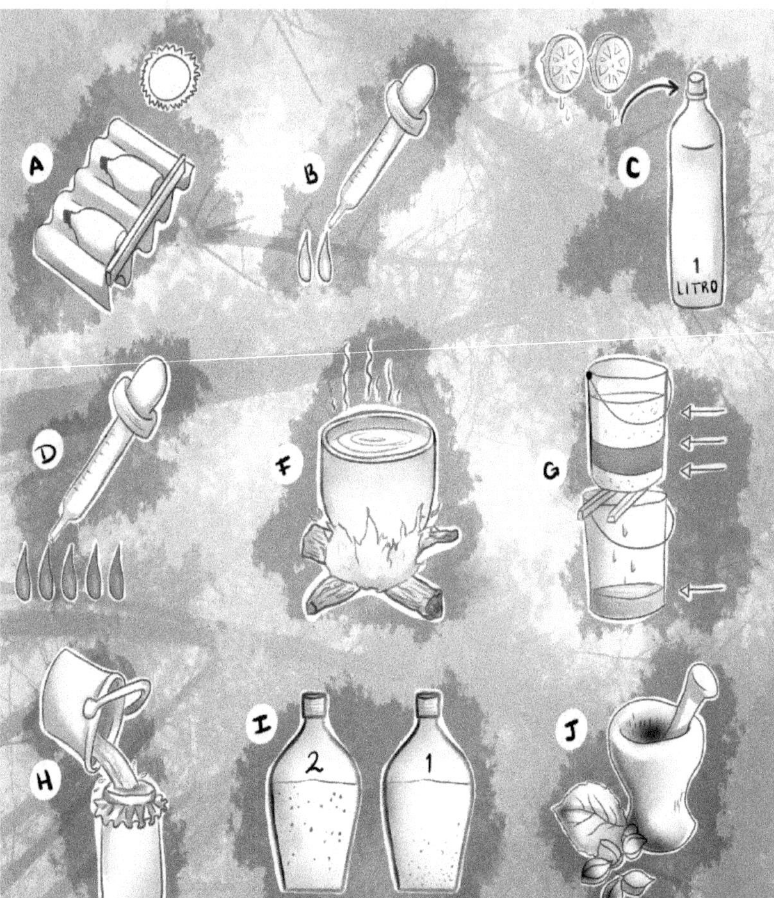

A) Al poner los recipientes en el sol durante todo el día y reposar en la noche el agua estará limpia para consumo. Éste método no elimina algunos parásitos. **B)** Dos gotas de cloro por cada litro de agua. **C)** Dos limones o lima por cada litro de agua. **D)** Cinco(5) gotas de yodo por cada litro de agua. **F)** Hervir el agua hasta punto de ebullición. **G)** Hacer un filtro con dos pipotes, en el primero se ponen capas de arena fina, carbón y luego arena gruesa, terminando con un trapo de tela. **H)** Con una tela que tenga poros muy pequeños puede limpiar el agua de partículas y muchos de los parásitos. **I)** Poner las jarras a reposar por 5 días puede hacer que los sedimentos queden en el fondo, luego se pasa a la jarra 2 y se hace lo mismo por 5 días más. **J)** Al triturar semillas de moringa una planta originaria de los himalayas, se usan 1.5 semillas por cada 2 litros de agua. Pulverice, agregue un poco de agua, haga una pasta, luego mezcle rápidamente y deje reposar.

ANEXO 6: Crear un refugio con un poncho, tarp o lona.

A) Carpa clásica con paracord en el centro y anclado en las puntas. **B)** Forma piramidal. **C)** Clásica con parales de horquilla. **D)** Lateral, ideal si se tiene una fogata ya que retiene el calor. **E)** Doble poncho lateral. **F)** Carpa con bases de horquilla y anclado en puntas, con cama de madera aislante para terreno frío o húmedo.

<u>ANEXO 7: Uso del Duct Tape, teipe metálico o cinta metálica</u>

A)Funda para un cuchillo B) Inmovilizar una extremidad lesionada C) Reparar un calzado, gorra u otro utensilio. D) Para construir las guías de las flechas, reemplazando las plumas. F) Una Camilla. G) Para inmovilizar un brazo. H) Para cubrir los pies, con una especie de sandalia o zapato provisional. I) Un bote para pescar o cruzar un rió. J) Una hamaca o chinchorro para reposar o dormir.

<u>ANEXO 8: Diferentes armas largas de supervivencia.</u>

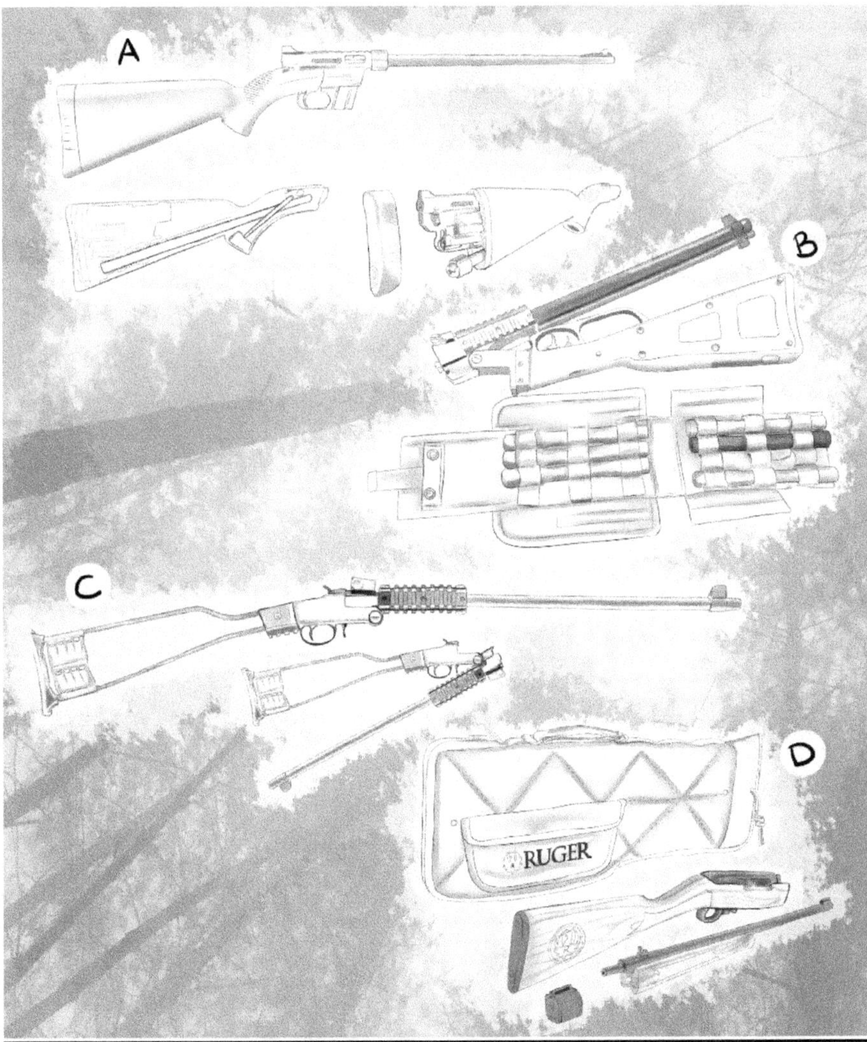

A) El **Henry AR7** se parte de dos y se guarda en la culata. B) El **Chiappa X-Caliber** se dobla y es escopeta y rifle 22 al mismo tiempo (posee múltiples cilindros para usar con diferentes calibres) C) El **Chiappa Little Badger** que también se dobla y tiene una culata vacía, y por último D) **Ruger 10/22 Takedown** que se parte en dos como el primero.

ANEXO 9: Listado completo para la supervivencia antes del evento, equipo para llegar a la base.

- Agua en bolsas.
- Filtro de Agua.
- Un paquete de 3600 calorías de ración de comidas.
- Navaja retráctil.
- Herramienta Multifuncion.
- Equipo de limpieza personal.
- Cuchillo de hoja fija. Ver anexo 2.
- Paracord. Ver anexo 3.
- Guantes.
- Lentes de protección.
- Linterna solar.
- Baterias AA, AAA.
- Brújula.
- Mapa.
- Lampara de emergencia.
- Fuego instantaneo.
- Encendedor.
- Mini Hornillas.
- Cubiertos de supervivencia.
- Binoculares.
- Podómetro.
- Martillo/Hacha.
- Radio de propela.
- Metro para medir.
- Porta Pastillas.
- Kit Médico. Ver Anexo 4
- Kit para pesca de emergencia.
- Pastillas para purificar el agua. ver Anexo 5
- Toalla secante.
- Poncho. Ver Anexo 6
- Cargador Solar.
- Glow Stick o palitos luminosos.
- Cobertor de emergencia Tarp o Lona.
- Papel Toilet de emergencia.
- Cinta Metálica o Duct tape. Ver Anexo 7
- Arma larga. Ver anexo 8
- Arma corta.

ANEXO 10: Tabla de superficies necesarias para la siembra y agricultura por tipo de hortaliza.

Hortaliza	Consumo por persona semanal	Semanas para recolección	Producción por m2	Semillas o plantas
Patata	½ Kg.	48	3 Kg.	6 g. Kg plantas
Pepino	125 g.	30	2.5 Kg.	2 g.
Pimiento	125 g.	12	2 Kg.	2 g.
Tomate	½ Kg.	12	6 Kg.	0.5 g.
Zanahoria	250 g.	52	5 Kg	5 g.
Cebolla	200 g.	52	3 Kg	28 g.
Lechuga	425 g.	20	4 Kg	15 g.

ANEXO 11: Comidas MRE Ingredientes.

Los ingredientes de los MRE son variados aunque siempre tienen los mismos componentes:

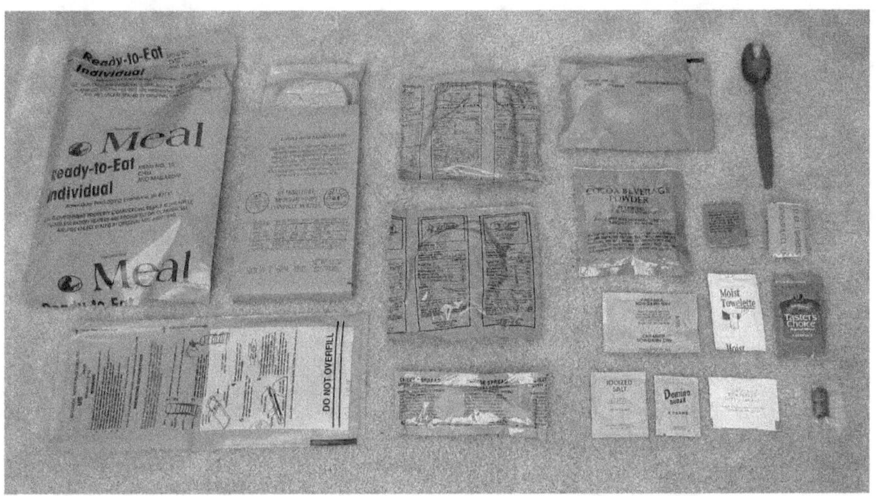

Principal, pan, galleta o snack, algo para untar en el pan, algunos caramelos, y alguna bebida en polvo como chocolate. Y una cuchara tenedor.

ANEXO 12: Listado de lo que necesita para su vehículo de escape

- Asegure la mayor distancia de manejo, la autonomía es importante.
- Capacidad de carga
- Provee refugio adicional (Para dormir)
- Gas
- Eléctrico.
- Diesel
- Sincrónico o
- Automático
- Todo terreno 4WD
- Contenedores extras de combustible
- Cordones adiciones para carga
- Rompedor de vidrios
- Radio CB o HAM
- Cadenas para neumáticos (para la nieve)
- Equipo para auxiliar el vehiculo.
- Equipo para cargar la bateria del vehiculo
- Cables para auxiliar el vehiculo.
- Botella para cargar neumáticos en emergencia
- Caja de herramientas del vehículo
- Convertidor de electricidad
- Winche o mini grúa..
- Aceites de repuesto para motor
- Aceite de repuesto para caja de transmisión.
- Neumatico de repuesto (no la donut) necesitara el neumatico de verdad
- Es fácil de reparar.
- El interior es modificable (se mueven los asientos)
- Tiene conector para trailer.
- Extintor de fuego
- Antorchas de emergencia
- Equipo de primeros auxilios
- Gato para levantar el vehículo en caso de pinchadura
- Equipo para cambiar el neumático
- Embudo

<u>ANEXO 13: Las 10 C's</u>

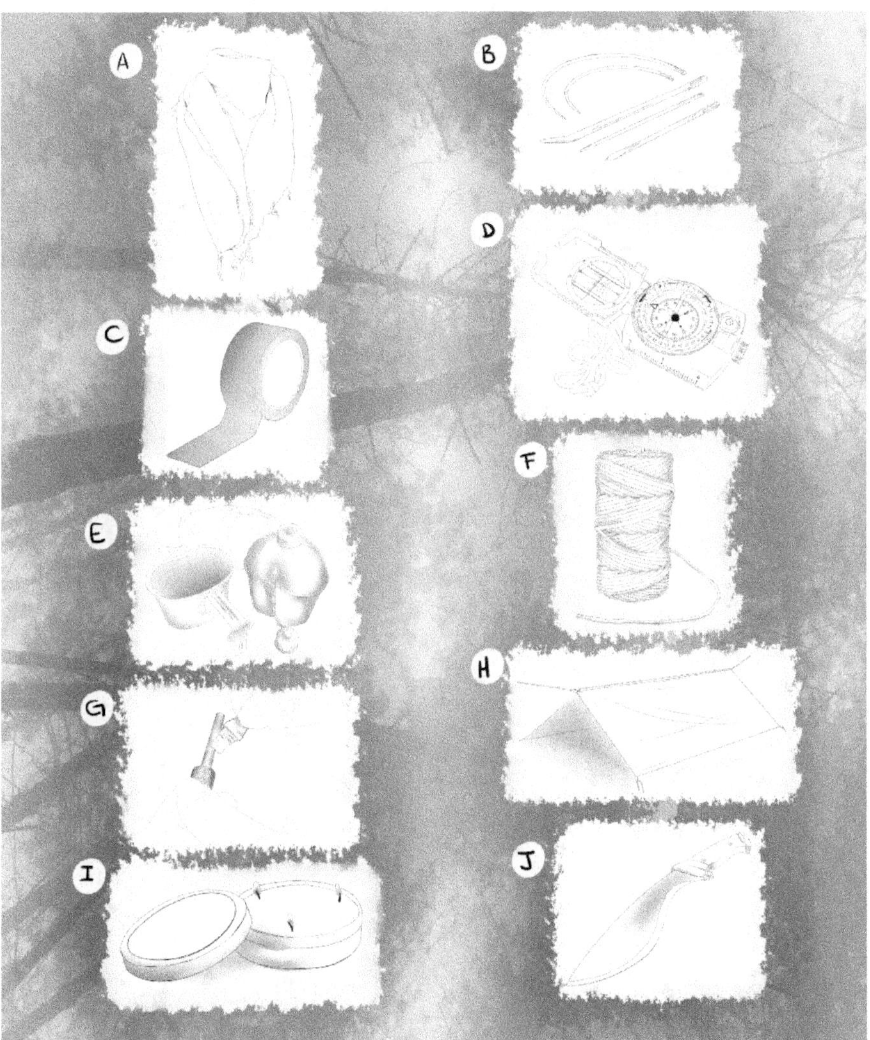

A)Un Trapo de algodón. B) Las agujas para coser. C) La cinta o teipe de plomo o de ducto. D) La brújula. E) Una cantina o cantimplora, recipiente de agua. F) Cordón o cuerda. G) Hacedor de fuego, barra de ferrocerio o iniciador de fuego H) Cubierta o lona. I) Velas. J) Cuchillo.

ANEXO 14: Los nudos en la supervivencia

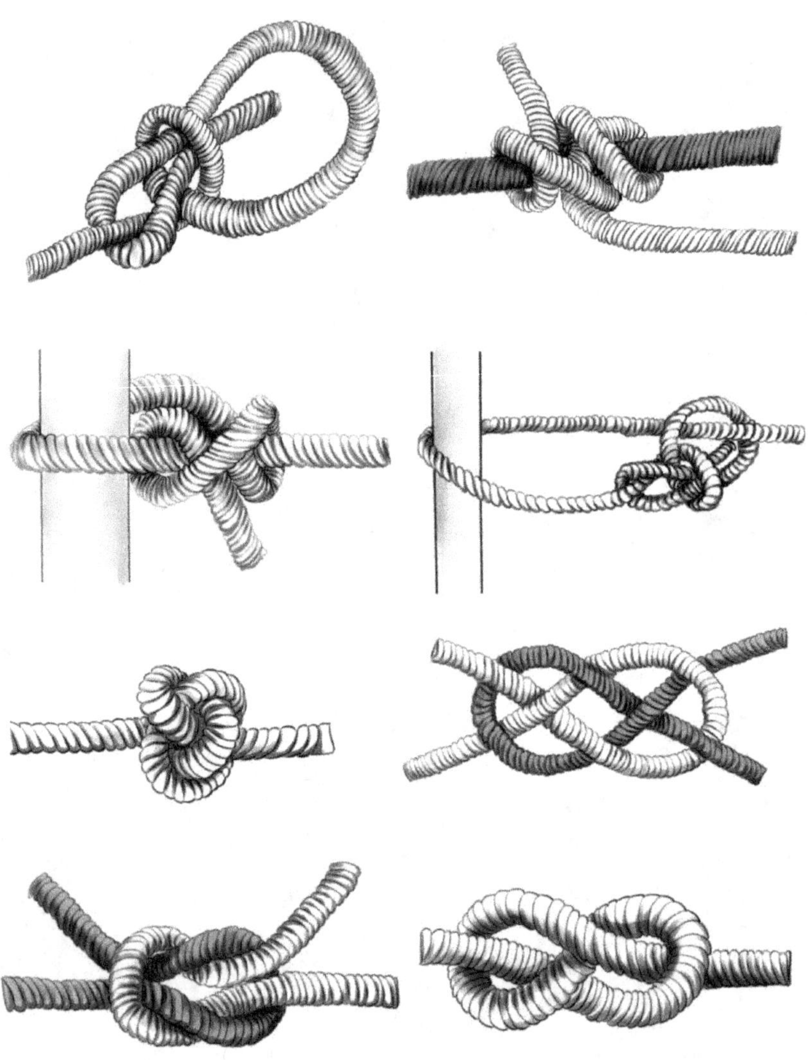

<u>ANEXO 15: El código Morse</u>

Codigo Morse Internacional

1. Los puntos son una unidad
2. Las rayas son dos unidades.
3. El espacio entre partes de una letra tiene una unidad.
4. El espacio entre letras es de tres unidades.
5. El espacio entre palabras tiene 7 unidades.

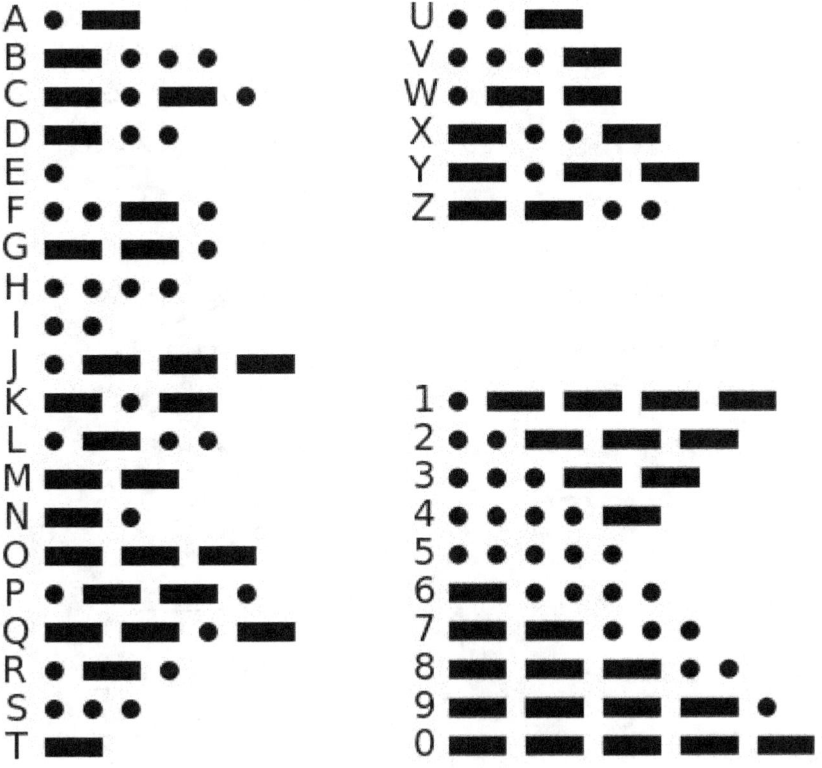

<u>ANEXO 16: Los códigos para radio # 10</u>

10-1 Mala recepción

10-2 Recibiendo bien

10-3 Parando transmisión

10-4 Entendido/ Copiado/ comprendido

10-5 Retransmitir/ Pasar

10-6 Ocupado

10-7 Fuera de servicio

10-8 En Servicio

10-9 Repetir

10-10 Fuera de servicio referente a:

all 10-11 Transmitiendo muy rápido

10-12 Tengo visitantes conmigo

10-13 Carretera/ vialidad

10-14 Escolta

10-15 En la vía con un prisionero

10-17 Recoger papeles

10-18 Terminar tarea ASAP (lo más pronto posible)

10-19 Regrese a la base

10-20 ¿Cuál es su ubicación?

10-21 Llame a la base vía telefónica

10-21B Llame a su casa

10-22 Cancelar el último mensaje

10-23 Standby

10-25 ¿Tienes contacto con _______?

10-28 Se requiere registración

10-29 Buscando lo robado

10-30 El individuo no es un fugitivo

10-31 El individuo no tiene expediente

10-32 El individuo es un fugitivo buscado

10-32F Individuo buscado por felonía

10-33 Standby, Solo emergencias por radio

10-34 Volver a estado normal de radio

10-35 Información confidencial

10-36 Ajustar tiempo u hora

10-39 Mensaje entregado

10-42 Recogiendo oficial

10-45 Revisar su equipo

10-49 Proceda a _____________

10-86 Revisar tráfico

10-87 Reúnase con _______ en _________

10-97 Regrese a la escena

10-98 Termine su última tarea

10-100 Voy al baño

<u>ANEXO 17: Otros códigos de comunicación importante</u>

CODE 1 - Oficial en persecución de rutina.
CODE 2 - Oficial en persecución de inmediato.
CODE 3 - Oficial en persecución de emergencia.
CODE 4 - No se requieren más asistencia.
CODE 5 - Replanteo (periodo de observación).
CODE 6 - Afuera para investigación.
CODE 7 - Fuera de servicio o Ocupado almorzando o comiendo.
CODE 8 - Alarma de incendio.
CODE 12 - Reporte de los daños del desastre.
CODE 13 - Procedimiento de emergencia.

<u>Códigos para deletrear - fonéticos</u>

A – Alpha	J – Juliett	U – Uniform
B – Bravo	K – Kilo	V – Victor
C – Charlie	L – Lima	W – Whiskey
D – Delta	M – Mike	X – X-ray
E – Echo	N – November	Y – Yankee
F – Foxtrot	O – Oscar	Z – Zulu
G – Golf	R – Romeo	
H – Hotel	S – Sierra	
I – India	T – Tango	

<u>ANEXO 18: Sistema de desalinización de agua en emergencia</u>

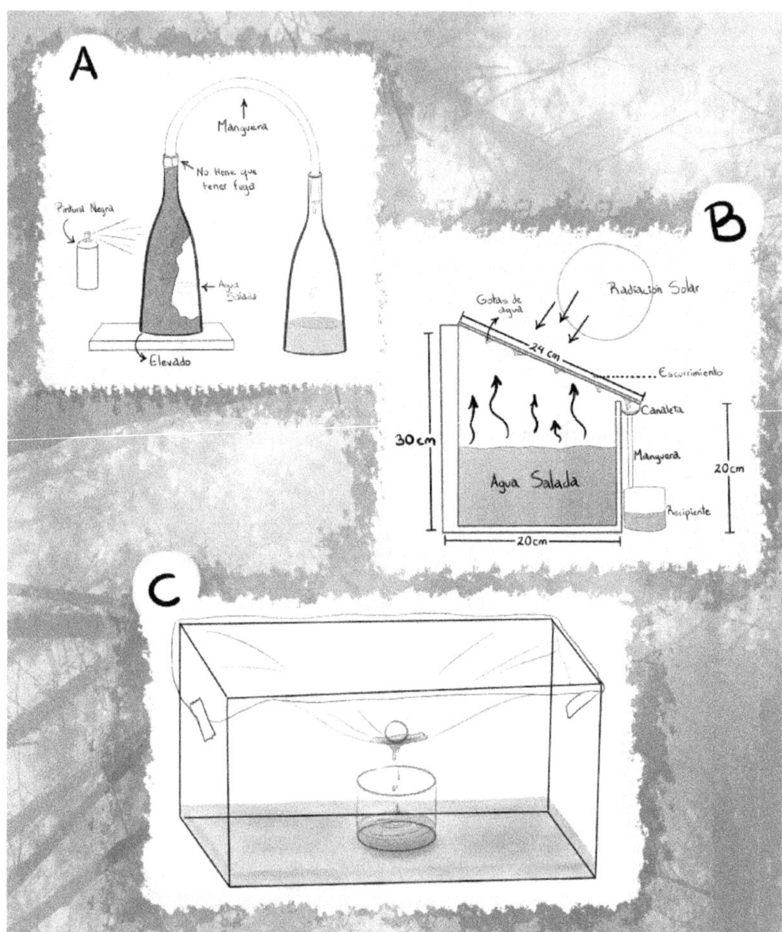

A)De una botella Pintada a una clara. Uniendo dos botellas con una manguera, y pintando una de ellas, el agua salada empezará a evaporar y en consecuencia ir a la más clara. B) Por radiación solar en plano inclinado. Como cualquier sistema de aguas servidas, aunque en este caso, evapora el agua por dentro del techo y rueda hasta la canaleta que recibe el agua pura. C) El sistema del peso en el centro. Un recipiente de agua salina, y un recipiente en el medio, se cubre el recipiente grande con un plástico, preferiblemente transparente, y se coloca un peso en el medio para obligar a las gotas productos de evaporacion y condensacion a que llegue al centro y caigan ya desalinizadas.

ANEXO 19: Consumo de agua diario[24]

Tabla 1: Consumo diario en litros por persona (IPCS, 1994) Éste es

el monto que se consume no relacionado con el necesario para re hidratarse Ver Tabla 2

	Condiciones normales	Temperatura alta Promedio 32C	Actividad moderada
Adultos	1 a 2.4 litros, promedio 1.9 (Incluyendo Leche) - 1.4 Excluyendo leche	2.8 a 3.4 litros	3.7 litros
Adulto Mujer	2		
Adulto Hombre	1.4		
Niños	1		

Table 2: Volumen de agua necesaria para rehidratación.

	Volumen en litros por dia		
	Condición Promedio	Trabajos manuales en altas temperaturas	Necesario durante embarazo o lactancia
Mujer Adulto	2.2	4.5	4.8 embarazo 5.5 en lactancia

[24] Según informe de la Organización Mundial de la Salud (OMS o WHO).

Hombre Adulto	2.9	4.5	
Niños	1	4.5	

ANEXO 20: Antibioticos Naturales y algunos remedios caseros

Es importante aclarar que los antibióticos naturales ayudan al organismo a sanar más rápido de lo normal, pero nunca será igual que un antibiótico creados por el hombre. Más allá de esto, a diferencia de los creados por el hombre, los naturales pueden consumirse a diario y no hacen daño, al contrario, aumentan las defensas del cuerpo. Hemos tomado una lista interesante de antibióticos naturales que pueden ser de gran ayuda. Todos estos consejos deben ser aplicados solo si no existen médicos, lo ideal es siempre ir al médico para recibir atención.

1. **Ajo**: Un diente de Ajo 5 veces al día, puede ayudarle a eliminar, una gripe, resfriados, congestión nasal, infecciones por cándidas e infecciones digestivas.
2. **Cebolla**: Combate infecciones, combate organismos nocivos, limpia el cuerpo, combate bacterias. excelente para enfermedades de vía respiratoria.
3. **El limon**: Sirve para limpiar heridas (Dolera, pero estará limpia), es un excelente bactericida.
4. **Las hojas de pino**, son excelentes para limpiar sus manos, y dejarlas libres de bacterias, es como un excelente detergente.
5. **La equinácea**: es excelente para combatir infecciones, también ayuda a fortalecer el sistema inmunológico La equinácea es una flor de la familia del girasol, de color rosada. que crece normalmente en canadá y en la zona central de los estados unidos. Su uso común es en cápsulas, pero si no se tienen, entonces pueden hacer infusiones.

6. **El Jengibre**: Por miles de años esta raíz ha recibido elogios por sus poderes curativos. Los asiáticos aún la consumen en su dieta diaria por sus poderes antibacterianos. Se puede consumir directo (su sabor es muy fuerte) o se puede consumir en una infusión o té, Ayuda en infecciones, infecciones respiratorias, reducir tos, expectorante natural, gastroenteritis y úlceras.

7. **La Regaliz**, es una planta que produce una raíz dulce que se usa en infusiones para aliviar la flema y la congestión nasal.

8. La miel, es excelente cicatrizante, además de ser un excelente antibacterial.

9. **El Romero**: también es excelente al inhalarlo o en infusiones para eliminar infecciones y ayudar al cuerpo a recuperarse.

10. Hacer gárgaras con **tomillo**, **Salvi** (no confundir con saila, esta es familia de la menta) y **limón** le puede ayudar en tiempos de infecciones.

11. **Las fresas**, son un excelente antiviral, ya que ayuda a fortalecer el sistema inmunológico.

12. **El Aloe Vera o Sábila**: tiene excelentes propiedades antiinflamatorias, antibacterianas y antihongos o antimicóticos. Cuando se hierve con mantequilla y azúcar, puede servir para calmar el asma, principalmente en un ataque de asma.

13. **El eucalipto** es excelente para las vías respiratorias. si se usa en aceite puede servir como antiviral, antiséptico y inmunoestimulante.

14. **La canela** tiene excelentes propiedades para las enfermedades respiratorias así como antiinflamatorio.

15. **La guanábana** es excelente para infecciones urinarias. También sirve para enfermedades respiratorias y ayuda a regenerar la flora intestinal.

16. **El astrágalo**, es una planta medicinal ampliamente usada en países asiáticos, ya que tiene propiedades que mejoran el cansancio, las enfermedades cardiacas, alergias, acelera la curación de heridas, así como su cicatrización. se utiliza en enfermedades renales y tonifica el bazo.

ANEXO 21: Escala de Richter, ejemplos y daños.

Escala de Richter

Medición de las olas que emiten los terremotos

0 - 1.9 Solo se pueden detectar por medio del sismógrafo.

2 - 2.9 Algunos objetos colgantes podrían moverse o tambalearse.

3 - 3.9 Se puede comparar al paso de un camión o del tren.

4 - 4.9 Puede romper ventanas y los objetos pequeños se pueden caer.

5 - 5.9 Los muebles se mueven, el cubrimiento de las paredes podría desprenderse.

6 - 6.9 Algunos daños a estructuras de edificios bien construidos, y daños severos a edificios pobremente construidos o con códigos viejos de construcción..

7 - 7.9 Los edificios se pueden separar de las fundaciones, la tierra se abre, y las tuberías subterráneas se rompen.

8 - 8.9 Los puentes se rompen y pocas construcciones quedan en pie.

9 o superior Son terremotos que generan una destrucción casi total. Las ondas o las olas del movimiento de la tierra se ven fácilmente.

SOBRE EL AUTOR DEL MANUAL

Tony Baldo nace en Caracas, Venezuela en 1972, desde muy joven le gustó escribir, aunque es en su etapa adulta cuando empieza a escribir realmente. Su primer libro sale publicado en el 2008, año muy fructífero para el a nivel intelectual, ya que además del primer libro logra dos nuevas carreras universitarias. Despues de alli su novela La Guerra de Los Udyats ha tenido un gran éxito, y su libro de supervivencia ha sido un excelente referencia para los amantes del tema. Ahora la tercera de sus obras se centra principalmente en lo que le han pedido, una obra donde se hable de cualquier escenario, y se pueda inclusive escribir en ella en forma de manual de bolsillo. Tony es un empresario dedicado principalmente al área digital.

REFERENCIAS

Lee, Dave (28 May 2012). "Flame: Massive Cyber-Attack Discovered, Researchers Say". BBC News. Archived from the original on 30 May 2012. Retrieved 29 May 2012

Gibbs, Samuel. "Eugene Kaspersky: major cyberterrorist attack is only matter of time" Theguardian.com. 01 Mayo 2014. http://www.theguardian.com/technology/2014/may/01/eugene-kaspersky-major-cyberterrorist-attack-uk

Filip, Tkaczyk "Basic Survival Skills". Wildernesscollege.com http://www.wildernesscollege.com/basic-survival-skills.html

Ken Jorgustin, "The 10 C's of Survivability". Modern Survival Blog. 26 Sept 2018. https://modernsurvivalblog.com/preps/survive-with-these-5-10-cs-of-survivability/

World Health Organization WHO/SDE/WSH/03.02 English only Domestic Water Quantity, Service Level and Health Authors: Guy Howard Programme Manager, Water Engineering and Development

Centre, Loughborough University, UK Jamie Bartram Coordinator, Water, Sanitation and Health Programme, World Health Organization, Geneva, Switzerland
http://www.who.int/water_sanitation_health/diseases/WSH03.02.pdf?ua=1

Fema "What to do Before, During, and After an Earthquake" Julio 2017. https://www.fema.gov/media-library-data/1500603026571-229c0197f44506fd6153211215826b76/What_To_Do_Fact_Sheet_Revised_July_2017.pdf

Eliza Morales Lupayante, "Antibióticos Naturales". 3 de Mayo 2013. Mejorconsalud.com https://mejorconsalud.com/antibioticos-naturales-un-tratamiento-sano-al-alcance-de-todos/

Anónimo. "Los mejores antibióticos naturales" 09 Agosto 2019. Mejorconsalud.com https://mejorconsalud.com/los-mejores-antibioticos-naturales/

Healthline.com *11 Proven Health Benefits of Ginger.* [Online] Available at: www.healthline.com/nutrition/11-proven-benefits-of-ginger

Healthline.com *Onions 101: Nutrition Facts and Health Effects.* [Online] Available at: www.healthline.com/nutrition/foods/onions

Estrada Orozco SP. *Determinación de la actividad antibacteriana in vitro de los extractos de romero (Rosmarinus officinalis) y tomillo (Thymus vulgaris).* Escuela Superior Politécnica de Chimborazo. Ecuador. (2010)